献给我的孙辈 Olivia 和 Sam Corby，他们将受益于律师服务活动的革命

LAWYERS, MARKETS AND REGULATION

律师、市场和规制

【英】弗兰克·H.史蒂芬（Frank H.Stephen）◎著

王进喜◎译

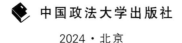

中国政法大学出版社

2024·北京

LAWYERS, MARKETS AND REGULATION
by Frank H. Stephen
Copyright © Frank H. Stephen 2013
This edition arranged with EDWARD ELGAR PUBLISHING LIMITED (EE) through Big Apple Agency, Inc., Labuan, Malaysia.
Simplified Chinese edition copyright © 2024 China University of Political Science and Law Press Co., Ltd.
All rights reserved.
著作权合同登记号：图字 01-2023-4612 号

图书在版编目（ＣＩＰ）数据

律师、市场和规制 / (英) 弗兰克·H.史蒂芬著；王进喜译. —北京：中国政法大学出版社，2024.5
书名原文：Lawyers, Markets and Regulation
ISBN 978-7-5764-0573-6

Ⅰ.①律… Ⅱ.①弗… ②王… Ⅲ.①律师制度－研究②法律－工作－研究 Ⅳ.①D9

中国国家版本馆CIP数据核字(2024)第102383号

出版者	中国政法大学出版社
地　址	北京市海淀区西土城路 25 号
邮　箱	fadapress@163.com
网　址	http://www.cuplpress.com (网络实名：中国政法大学出版社)
电　话	010-58908435(第一编辑部) 58908334(邮购部)
承　印	固安华明印业有限公司
开　本	880mm×1230mm　1/32
印　张	7
字　数	163 千字
版　次	2024 年 5 月第 1 版
印　次	2024 年 5 月第 1 次印刷
印　数	1~3000 册
定　价	49.00 元

序　言

　　这本书是 30 年来对律师规制进行的研究的结晶。这项研究在经济学期刊上发表了大量论文，并向包括政府部门在内的资助机构提交了报告。经济学中的学术话语的一个缺点是，它只能在 5000 至 8000 字的论文中进行，通常只涉及一个单一的实质性问题。在英国，写一本关于经济学的书被经济学界视为研究活跃度的反面信号，特别是自从"研究评估活动和研究评估框架"制度出现以来。多年来，这意味着我无法发表从我撰写的有关律师规制的论文中汲取政策教训的著作。

　　我从 Strathclyde 大学经济学教席转向 Manchester 大学法学院规制教席（Chair of Regulation），在一定程度上是因为经济学学术论文带来的挫败感。该法学院有着将经济学理论应用于法律问题和职业规制的传统。尽管我在 Manchester 大学继续发表论文，写一本关于律师规制的书这件事却因为我从 2007 年开始担任任期四年的法学院院长而耽搁了。到了我卸任法学院院长后的学术年假期间，我才能够着手写作这本书。从某个方面说，这一拖延是幸运的，因为不仅 2007 年《法律服务法》通过了，而且它现在对英格兰和威尔士法律服务市场供给侧的影响，可以在本书第 8 章加以讨论了。

　　我曾被任命为上议院和下议院联合委员会的特别顾问，该委员会在 2006 年审议了《法律服务法案》，这也使这本书受益。

1

我还被任命为苏格兰议会司法委员会特别顾问，负责审议《法律服务（苏格兰）法案》。这两个场合让我更好地理解了为什么有时候立法者和其他人在理解以经济为动力的政策的微妙之处时存在问题。

因为我写这本书的主要目的之一是叙述和探索事务律师规制的更大的图景，而不是讨论它的狭窄方面，所以我大量引用了我以前发表的实证研究。在某种程度上，这也将本书的实证重点缩小到英国的司法辖区，尽管我相信从中得到的教训也适用于其他司法辖区。本书的第二个重要目标也是强调经济政策实证研究的重要性。我经常感到，政策的制定往往没有证据的帮助。同样，许多经济学论述主要（如果不是唯一的话）关注的是理论或者概念分析，而不是求助于实证检验。

我所从事的各种实证研究都是与其他许多学者合作进行的，我非常感谢他们对这项工作和我的思想的贡献。我与 Allan Paterson 合作，进行一个早期的实证项目，研究英国事务律师广告的自由化问题，正是这个项目把我带到了这个课题上。这导致了多年来一系列由外部资助的实证调查。我很喜欢这种合作，也很喜欢在接下来的几年里我们进行的大量讨论。然而，我知道 Allan 并不赞同我对英国最近改革可能产生的结果的乐观看法。Jim H. Love 在早期的研究项目和后来的出版中发挥了核心作用。在这些项目中，我们受益于 Lindsay Farmer 和 Derek Gillanders 等人的研究帮助。随后，我与 Cyrus Tata 合作进行了一个项目，该项目产生了与第四章中所讨论的事务律师动机相关的实证证据。我要澄清的是，我从这项研究中得出的有力结论并不完全为 Cyrus 所认同。该项目的实证工作还极大地受益于 Giorgio Fazio 的投入。最后，说到我以前的合伙人，Melville，自从我调动到曼彻斯特后，我就和她一起工作。Angela 和我在与苏格兰的诉辩律师协会和事务律师协会的总保单和担保基金项目上进行了合作。这次合作加上在无过错医疗过失方面的合作，意味着我能够继续进行新的研究，即使我因为担任院长而分心。

除了承认我的合作者的贡献，我还必须承认我从这个领域其他人的工作中学到了很多，这些人包括 Benito Arrunada、Paul Fenn、Michael Faure、Nuno Garoupa、Gillian Hadfield、Anthony Ogus、Neil Rickman、Roger Van den Bergh 和已故的 Larry Ribstein。我还受益于与 David Booton 和 Andrew Griffiths 关于品牌和商标的重要性的讨论。

我也要感谢 Anthony Ogus 和 Roger Van den Bergh 阅读并评论了许多章节草稿。我感谢他们的评论，任何剩余的错误都是我的责任。Co-op Legal Services 的 Christina Blacklaws 阅读了第八章的草稿并发表了意见，Slater and Gordon 律师事务所的 Ken Fowlie 也抽出时间和我谈了他在澳大利亚的公司化法律执业机构的经验以及他所在律师事务所的商业模式。我就此很感谢这些忙碌的执业者。

我还要感谢 Edward Elgar 出版社的 Matt Pitman 和 Edward Elgar，感谢他们对我出版这本书有足够的信心。然而，最重要的是，我要感谢我的妻子 Christine，她不仅忍受了我八年来每周从邓布兰（Dunblane）通勤到曼彻斯特的痛苦，也忍受了写这本书的不断增加的时间跨度。她的鼓励和牺牲确保了它的最终完成。

目　录

第一章 导 言

　　在许多——如果不是大多数的话——司法辖区，在法院进行代理以及在某些情况下在法院外提供法律服务的，是那些有着特定资格，被我们称为"法律职业"的特定组织的成员的人的特权。在传统上，法律职业成员被要求遵守特定的道德准则或者行为守则。在20世纪后半叶，特别是这个世纪的最后25年，这些道德准则和行为守则被经济学家视为造成了一种限制性做法，即禁止法律服务市场的竞争，损害了这些服务的消费者。在这一期间以及当前这个世纪，在许多司法辖区，促进商品和服务市场的竞争，已经成为许多公共政策的核心要求。随着对竞争的促进，各种职业特别是法律职业，成了根据法律的保护抵制"市场自由竞争"的最后堡垒。特别是，随着我们进入21世纪，在某些司法辖区，法律职业面临着越来越大的压力来消除这些"限制性做法"，顺应法律服务市场越来越大的竞争。现在欧盟的各个司法辖区尤其如此。然而，在欧盟的每个司法辖区，改革的步伐是不同的。

　　除了关于政策的争论之外，关于职业规制的经济学文献越来越多。这些文献在性质上主要是概念性/理论性的，相对而言，缺少实证证据。但是，它们强烈影响了各个司法辖区的政策论争。然而，人们已经收集了实证证据，其中的一些是支持理论性文献的，但是其中一些则是限制这些文献的。

在英国，20 世纪后半叶的公共政策试图在法律服务市场引入更多的竞争，但是也认识到市场并不能够完全免于规制。然而，在 21 世纪初的十年论战中，英国采用了更为激进的方法，特别是在英格兰和威尔士。在这种方法中，法律服务市场已经开放给非律师人员之外的所有法律服务供给者。这不仅可能激进地改变法律服务市场竞争的性质，也可能激进地改变法律服务本身的性质。本书试图将这些变化置于某个背景下，讨论它们重塑法律服务市场的性质的可能性。

解读本书的方式之一是，它描述了过去 30 余年英国关于法律职业的公共政策变化。为此，它审视了在这一期间的各个时间段，英国各个司法辖区允许个人和组织向公众提供法律服务的条件。特别是，它审视了若干年来对这些条件进行自由化的方式，以及最近的自由化可能会把我们导向哪里。它从两个方面确定了英国法律职业的发展趋势：首先，审视在某些其他欧盟司法辖区发生的自由化过程；其次，审视经济学文献中对职业服务市场规制的收益和成本的说法。在后一种情况下，人们不仅关注理论工作，还关注实证工作，这些实证工作可以检验这些理论或者政策制定者为证明引入特定政策的正当性所作主张的有效性。20 世纪 80 年代后期提出的在保留的活动中引入规制性竞争的政策，被视为在通过创新来刺激竞争方面取得的成功是有限的。2007 年《法律服务法》被解释为进一步扩大了规制性竞争，并且在英格兰和威尔士引述了法律服务技术创新的基础。这一技术创新将是这样发生的，即让以消费者为中心的企业进入法律服务市场，与现行的供给者相比，这些企业已经开发了更出色的生命模式。现行的法律服务市场供给者是缺少这样的商业模式的。新的进入者将基于它们在其他市场所建立的品牌资本进行品牌延伸。这一品牌资本在所提供的服务的特点和质量方面为消费者提供了保障。

对本书的第二个解读是，它回顾了关于适用于法律职业规制的经济学文献。它一开始回顾了经济学家就规制法律服务市场所可能带来的成本和收益所提出的理论。随后，它审视了关于这些问题的经验性证据，参考了在英国法律服务市场自由化过程中所开展的研究。这些研究阐明了消除职业人员之间的特定竞争手段上的限制的效果，以及诸如规制性竞争等特定政策的有效性。规制竞争被视为确保自我规制是出于消费者利益而不是供给者利益。在英格兰和威尔士，事务律师和持照产权转让人在产权转让服务市场所进行的规制竞争，以及事务律师和出庭律师之间在诉辩服务市场上的规制竞争，被视为只取得了有限的成功。有人认为，法律服务市场的创新受到了禁止非律师人员所拥有的企业提供法律服务的规则的限制。特别是，法律服务的技术被视为亚于以消费者为中心的企业所开发的技术。2007年《法律服务法》不仅扩大了规制性竞争的可能性，而且通过允许非律师人员拥有法律服务提供者，为法律服务技术创新提供了机会。

各位读者将就阅读本书的方式有其自己的偏好，以适合于他们自己的话语。本书在组织上是适合任何一种方法的。其中的三部分都含有关于政策／理论的描述性章节，以及审查和评估实证证据的章节。

第一部分（"我们为什么要规制律师？"）审视了我们为什么要以其他市场相对较少的规制方式规制律师的问题。第二章首先审视了传统上律师们自己或者至少是代表律师利益的组织所提出的理由，其次审视了某些经济学家提出的理由。第三章就法律服务市场的规制方式及其结果提供了经济分析。在许多方面，关于规制法律服务市场的正面和反面观点，都是基于对律师及其规制组织的动机的不同看法。法律职业所提出的观点是，律师的行为是其自身利益之外因素所驱动的。经济学家的观点是，律师，像所有的经济主体一样，是由他们自己的利益所驱动的。第四章通过揭示各个律师及其规制者的行为，展示了关于他们的动机的实证证据。这些证据表明，律师的利己行为和规制者的利己行为都不应当被排除。

第二部分（"英国和欧洲法律服务市场的放松规制"）讨论了过去30余年法律服务市场的自由化过程。第七章讨论了英国政策的演变。它被视为是由一个政治议程所塑造的，直到最近，这个政治议程的核心一直是重塑规制制度，以纳入规制竞争的理念。接着，该章讨论了欧洲许多司法辖区的法律服务市场的自由化。这里特别关注了欧盟委员会的角色。在许多司法辖区，宪法法院不得不就反竞争行为的法定授权与国家和欧洲竞争政策之间的优先地位作出裁决。第六章审视了英国自由化过程中的特定要素的效果的实证证据。它表明，自由化的某些要素有着积极效果。然而，它也表明，反不正当竞争机构在某些所谓的反竞争行为上所持的政策立场，并没有得到实证证据的支持。

第三部分（"律师服务活动的未来"）审视了2007年《法律服务法》的规定未来对英国——特别是英格兰和威尔士——法律服务市场的影响。第八章审视了从David Clementi爵士进行的审查开始，该法的演化过程。该章认为，David爵士提议并由该法贯彻的特定规制结构，是建立在规制性竞争原理基础上的。这一章讨论了这些原理。第九章讨论了该法的规定，这些规定允许非律师人员拥有提供法律服务的商业单位，并认为提供法律服务的以消费者为中心的品牌资本，将就所提供的服务的特性向消费者提供保证。这些保证将通过这些服务提供商的规制机构之间的竞争得到加强。这一章还讨论了允许非律师人员所有权的其他两个司法辖区的经验。最后，这一章审视了以消费者为中心的组织，它们已进入法律服务市场或者已表示有意进入法律服务市场，并得出结论认为，在英格兰和威尔士预计的法律服务的技术革命已经发生。

第一部分

为什么我们要规制律师？

在绝大多数司法辖区，公共政策不会让法律服务的供给由无情的供求力量来决定。为什么会这样呢？是什么导致政策制定者限制提供法律服务的方式和提供法律服务的人？这些是第一部分要回答的问题。

第二章从两个方面分析了规制法律服务的原因：传统上由律师自己提出的理由，以及经济分析提供的理由。前者试图将律师服务与"商业"区分开来，并将其与法治等社会目标联系起来。最重要的是，他们暗示驱动律师的是超越自身利益的目标。经济分析认为，市场失灵的主要原因是信息不对称，如果市场不受规制，信息不对称有可能导致市场竞相下探。律师自身的自我规制被视为一种费效比高的规制方法。

第三章就法律职业用来规制其成员的各种工具提供了一个经济分析。这些措施包括：准入限制；广告和其他营销活动限制；律师费竞争限制；对与委托人订立的收费合同性质进行的限制；组织形式的限制。这些方式被认为是可能有利于法律职业及其成员，而不是法律服务消费者或者更普遍的社会。律师的行为是出于自身利益，还是出于更普遍的社会利益，这一问题是公共政策应如何看待律师自我规制的关键。第四章并没有假设自我利益或者社会利益，而是通过律师的行为揭示了律师个人及其规制机构的动机。关于刑事律师如何应对英格兰、威尔士和苏格兰法律援助机构合同条款的变化的实证研究提供了强有力的证据，表明律师个人改变行为是为了响应激励，而不是委托人的需求。接下来是两个关于律师自我规制组织的案例研究，这些研究表明，他们的行为方式也是为了对律师职业利益加以保护，而不是对其委托人利益加以保护。

因此，第一部分为法律服务市场的规制和自我规制的益处建立了理由，但是明确指出，公众利益不是律师行为的唯一动机。因此，法律服务市场的规制不能完全交由法律职业的自我规制者。

第二章 为什么要规制律师？

本章讨论了规制律师的理由。尽管从经济学家的角度看，我们应当关切的是规制法律服务市场的理由，传统上，人们所关注的是规制提供法律服务的职业。特别是，这种关注集中在规制各个律师上。近年来，这种关注点开始转移，特别是在英国，已经转向了对市场和提供这些服务的实体的规制。但是，本章开始于审视对律师进行规制的理由。首先，展示的是传统上由法律职业本身提出的观点；其次，展示的是针对市场失灵提出的经济学理由；最后，讨论的是自我规制的优点与缺点，并简要列举了进行规制性竞争的理由。

规制律师的传统理由

在大多数司法辖区，律师受到规制的传统理由是什么？具体地说，为什么他们不像那些提供其他服务的人那样直接服从一般的供求规律呢？杰出的法律执业者 Ian S. Forrester QC 简明扼要地说：

自由的职业可以援引质量规制，促进高准入标准，确保有效和透明的竞争，等等，来证明规制其活动的正当性。法律职业受到特别严格的规制，因为这些规制有助于良好的司法，从而维护法治。律师被授予许多重要的特权……与这些特权相对应的是，法律职业受到严格规制。律师必须在字面和精神上尊重通常规定在职业规定中的详细标准。违反这些规则可能导致被排除在该职业之外。（Forrester, 2006, p. 275）

因此，律师职业的高质量有助于维护法治。作为保持高质量（通过职业规制）职业服务的交换，律师被授予某些"特权"，这些特权以垄断某些法律程序的形式出现。在社会和法律职业之间实际上存在着一种交易，[1]根据该交易，社会可以得到一个有效的司法制度，这个制度维护法治，而律师可以免受严酷的市场竞争的影响。然而，请注意，正是这种"垄断"造成的潜在排除，才使得该交易得以实现。这意味着一种诱惑，让律师个人违背集体交易。此外，它还暗示，为了确保法治，"通常规定在职业规定中的详细标准"是必要的。

将高层次的社会目标与抑制市场联系起来，是法律职业代表的共同策略。在就英国反不正当竞争主管部门在 20 世纪 70 年代就法律职业的限制性做法进行的调查中，[2]以及随后对禁止法律职业成员做广告的做法的调查中，[3]英国法律职业自我规制规则提供的证据中可见这种策略。这一证据使我们得以洞见，就在自由化进程真正开始前几年，英国的法律职业[4]是如

---

〔1〕 Dingwall 和 Fenn（1987）提出了职业自我规制的社会契约论观点。这将在下面进一步讨论。

〔2〕 Monopolies Commission（1970）.

〔3〕 Monopolies and Mergers Commission（1976a, 1976b. 1976c）.

〔4〕 苏格兰与英格兰和威尔士都是不同的司法辖区，有自己的自我规制的法律职业。在苏格兰有事务律师和诉辩律师，在英格兰则有事务律师和出庭律师。就英国宪法状况的进一步讨论，参见第五章脚注 4。

何看待自己的。[5]例如，垄断和合并委员会报告称，苏格兰事务律师协会理事会[6]在支持其当时对事务律师个人广告的禁止时，在证据中称：

> 如果法治对任何国家的宪法都是必不可少的，那么律师在维护和区分个人和他所生活的社会的权利方面的作用就尤为重要……律师应成为一个独立、有效的职业组织的一部分，这对国家的福祉至关重要。这个组织一方面对纯粹基于私利的动机施加惩戒，另一方面保护他的权力和责任。（Council of Law Society of Scotland, reported in Monopolies and Mergers Commission, 1976b. p. 18）

与此类似，据报道，事务律师协会理事会[7]也主张说：

> 根据法治保护委托人的自由，确实是事务律师最关心的问题。在履行这一义务时，事务律师不仅对他的委托人负有责任，而且对自己作为其中一员的法院也负有责任……因为这些职责是事务律师的职责，而且他也是司法机器的一部分，所以他不得表现得好像他是在进行"纯粹的商业活动"。（Council of the Law Society reported in Monopolies and Mergers Commission, 1976a, p. 24）

---

〔5〕 即使在垄断委员会（1970）和垄断和合并委员会（1976a, 1976b, 1976c）的批评性报告后，在20世纪80年代中期之前发生的唯一的自由化是事务律师协会将其强制性收费标准转化为推荐性收费标准；see Stephen. Love and Paterson（1994）and references therein.

〔6〕 苏格兰事务律师协会既是苏格兰事务律师的代表团体，也是其规制者。

〔7〕 事务律师协会这时是既是英格兰和威尔士事务律师的代表团体，也是其规制者。

确实，

提供法律职业服务远不止是一项商业交易。委托人在自己没有专业知识的情况下向事务律师寻求帮助，他们通常不能检查他们收到的建议和服务是否正确和准确。因此，事务律师的职务是信托职务。[8]（p. 23）

因此，为了维护法治，律师就不能追求自身利益，不能像"纯粹商业活动"那样行事。这要通过抑制市场力量来实现。这些观点被用来证明禁止价格竞争（尽管公布了收费标准）和禁止使用广告来吸引业务的正当性。如果采用这种商业做法，他们将会用一种商业关系代替事务律师协会理事会所主张的信托关系：

……当职业人员在能力声誉方面进行竞争时，他们不会通过广告、降价和其他商业世界中常见和无可非议的方式进行竞争……如果事务律师的行为符合商人在市场上的行为规范，那么就会形成一种商业关系，而这是对应有关系的否定。（Council of the Law Society reported in Monopolies and Mergers Commission, 1976a, p. 24）

垄断和合并委员会（1976b）报告说，苏格兰事务律师协会理事会重申了它以前给垄断和合并委员会的证据，即"把委托人的利益置于自身利益之上是这个职业成员的目标和责任。如果允许无限制的促销广告，事务律师们就会倾向于更多地为自己着想，而不是为委托人着想"（Council of Law Society of Scotland reported in Monopolies and Mergers

---

[8] 注意，这一说法包含了下面所要进一步讨论的信息不对称思想。

Commission, 1976b, p. 17)。

　　然而，律师对委托人的职责并不是不受限制的，因为律师对法院负有职责。据报道，出庭律师公会[9]向垄断和合并委员会提交的证据陈述如下：

　　因此，很明显，出庭律师对法院的职责可能而且经常与他的委托人的利益发生冲突。他对法院的责任是最重要的，在任何冲突情况下都必须优先。因此，出庭律师是在履行一项公共职能，谋求为公众利益服务，而不只是为他的委托人服务，就诉辩而言，这样做是为了公共利益。因此，重要的是，出庭律师不仅应是，而且应被视为是独立、客观和值得公众信任和信赖的……出庭律师的职责不应只是争取赢得委托人的案子，而不顾司法工作的更为广泛的影响。（ Bar Council reported in Monopolies and Mergers Commission, 1976c, p. 14 ）

　　苏格兰事务律师协会理事会在向垄断和合并委员会提交的证据中也提出了类似的观点（ 1976b, p. 18 ）。在垄断和合并委员会的报告之后，近40年来，英国法律职业的官方代表的言辞多少有些沉默。[10]然而，在欧洲律师协会理事会制定的行为守则中，这种措辞仍然很明显：

　　在建立在对法治的尊重基础上的社会里，律师扮演着特殊角色。律师的职责并不限于在法律允许的范围内忠实履行他受指示要做的事情。律师必须服务于正义的利益，以及那些委托他或者她来就其权利和自由加以主张和辩护的人的利益，并且

---

〔9〕　出庭律师公会当时是英格兰和威尔士出庭律师的代表团体和规制者。
〔10〕　在当代英国，律师和律师的代表经常谈到"法律服务业"。在进入21世纪前，人们没有听说过这个术语（经济学家除外）。

律师的职责不仅是为其委托人的案件进行诉辩，也是担任其咨询者。尊重律师的职业职能，是实现社会法治与民主的重要条件。（Article 1.1 of CCBE's Code of Conduct for European Lawyers, quoted in CCBE, 2010, at pp. I and 10）

　　律师的行为与从事普通商业活动的人的行为之间的区别，有时反映在对律师维护职业尊严的要求上。欧洲律师协会理事会（2010）将其作为核心原则之一，规定了"原则（d）——法律职业的尊严与荣誉，以及律师个人的适正性和良好声望"。[11]这使得一些学术评论人士暗示，以竞争的方式行事会被视为破坏职业尊严而受到惩罚。Michael Faure（1993）报告说，安特卫普律师协会因一名律师收费低而认为其违反了律师职业的尊严，对其进行了制裁。Van den Bergh 和 Faure（1991）在分析安特卫普律师协会 1984 年至 1986 年对违反职业规则的成员所采取的行动时，相对较少的是与委托人有关的，但是很多是与职业尊严有关的：

　　……处罚通常是由于在私人生活中缺乏尊严或者对职业协会有不当行为，但是很少是由于职业不当执业行为。鉴于这些数字，公共机构似乎不太关心对律师所提供服务质量的监督，而是关心律师的公众形象及其自身的特权。（p. 174）

　　质量的控制通常是通过要求新入行者接受适当的培训和

---

〔11〕"受到委托人、第三方、法院和国家的信任，律师必须表明值得这种信任。这是通过在一个值得尊敬的职业中的成员资格而获得的。因此律师不得破坏他或者她自己的名誉或者整个职业的名誉，以及公众对该职业的信任。这并不意味着律师必须是一个完美的个人，但是这确实意味着他或者她不得从事可能给职业带来耻辱的不名誉行为，无论是在法律实务中还是在其他商业活动甚或者私人生活中。不名誉行为可能导致处罚，包括在最严重情况下被职业驱逐出去。"（CCBE. 2010. At p. 8）.

教育来实现的。虽然有些司法辖区建议用律师资格考试通过率来控制职业准入,[12]但 Abel(1986)认为传统上英格兰和威尔士的法律行业并非如此。在英格兰和威尔士,法律职业的两个分支的通过率都非常高。确实,Abel(1986)认为,在第二次世界大战之前,律师行业在选择进入者时不怎么重视法律的技术知识。第二次世界大战之后,这两个分支都提高了准入所需的技术知识。获得大学法学学位或者通过公学入学会考现在或多或少已成为强制性的,但是历史上远非如此。

　　虽然 20 世纪 70 年代,英国仍然禁止价格竞争和广告,律师职业的代表认为,各个执业者之间的竞争是确实存在的,但是这种竞争采取了质量竞争的形式。垄断与合并委员会报告称,事务律师协会理事会认为:

　　普通的经济力量促使事务律师变得有效率。如果事务律师不能控制他的管理费用开支和提高他的劳动生产率,他将无法向他的员工支付薪水或者挣得合理的生活……由于不允许自我推销,事务律师必须始终努力提高自己的声誉,这是竞争的主要方法。(Council of the Law Society reported in Monopolies and Mergers Commission, 1976a, p. 26)

　　事务律师似乎受经济力量的影响,经济力量鼓励他们提高效率,但是这对他们所能提供的服务标准没有影响。

　　根据事务律师协会理事会的说法,潜在委托人将会了解事务律师的声誉,原因在于"……普通老百姓可以向许多人推荐事务律师。不仅是他的邻居,还有他的经纪人、银行经理、会计,还有他的医生"(Monopolies and Mergers

---

[12] 关于使用律师资格考试通过率来控制法律职业准入的证据,见第三章更为详细的讨论。

Commission, 1976a, p. 25）。声誉是质量的保证，再加上失去
"特权"的威胁，确保律师在与社会的交易中遵守协议。

总而言之，传统上，英国及其他地区的法律职业一直寻
求将对律师的规制与法治等高层次社会目标联系起来。将律
师职业从市场压力和像商业活动那样行事的诱惑中解脱出来，
已经被证明是保持律师"质量"的必要条件。律师对法院的
责任，而不仅仅是对委托人的责任，被认为是消除商业压力
的进一步理由。

经济学家 R.C.O. Matthews（1991）将传统的职业观点合
理化，将其看成是以下两个方面的结合：禁止各种形式的竞
争——即实施职业界定的"欺骗"行为的诱惑——的规则；
以及对基于道德守则的客观职能的依赖。他得出的结论是，
并不是所有的竞争限制都是容易辩护的，而且从历史上看，
职业的发展是"公然自利"的（p. 750）。

规制律师的经济学理由

经济学家已经采取了两种方法来规范职业。支持其中一
种方法的学者认为，职业服务市场（包括律师市场）受制于
市场失灵，解决之道是某种形式的规制。这就是众所周知的
规制的公共利益理论。支持另一种方法的学者认为，对职业
市场的规制（特别是职业本身对这类市场的自我规制）会导
致对竞争的各种限制，最终导致职业成员赚取经济租金。第
二种方法被称为规制的私人利益或者俘获理论。本节讨论了
规范法律服务市场的市场失灵情况，并对其进行了评估。读
者将能够在法律服务市场的背景下评估规制的公共利益理论
和俘获理论的相对价值。本章还为讨论旨在使法律服务市场
自由化的政策提供了基础，这些政策将在本书后面的部分进
行讨论。

法律服务市场的市场失灵

市场失灵的公共利益观认为，当市场失灵[13]存在时，公共政策应当通过规制来对市场失灵进行补救。欧洲和美国的公共政策有一个悠久的传统，即通过对获准提供服务的人进行规制，来对法律服务市场中的市场失灵进行救济。它的主要形式是规制法律职业，并将提供法律服务的主体限定为应受到规制的职业的成员。

多年来，关于法律服务市场中的市场失灵的经济学讨论，主要集中在此类市场中委托人和职业人员之间所固有的信息不对称上。然而，近年来，讨论已扩大到包括外部性和公共物品维度。

法律服务市场之所以出现信息不对称，是因为提供法律服务的职业人员比大多数委托人具有固有优势。法律服务往往是信用品（Darby and Karm, 1973），其不同于搜寻品和体验品。搜寻品是指那些在消费前可以判断其特性（包括质量）的商品（例如时尚商品），而体验品则必须在其质量被评估之前加以消费的商品（例如餐馆的饭菜）。但信用品即使在消费之后，消费者也无法判断其特性（尤其是质量）。的确，一些信用品，例如法律服务，消费者不仅依赖职业人员提供服务，而且要依赖职业人员判断需要提供什么服务来满足消费者的需要。

信息不对称问题在文献中得到了广泛的讨论。[14]这意味着大多数委托人无法判断律师提供的服务质量。这有两个影

---

[13] See for example Noll（1989）and Yiscusi et al.（2005），Chapter 10.

[14] Arrunada（1996），Dingwall and Fenn（1987），Evans and Trebilcock（1982），Faure（1993），Faure ct al.（1993），Federal Trade Commission（1984），Helligman（1993），Herrmann（1993），Kritzer（1990），Levmore（1993），Matthews（1991），Smith and Cox（1985），Sykes（1993），Wolfram（1984），Stephen and Love（2000），Stephen（2006），Van den Bergh（1999. 2006）.

响。首先是逆向选择的问题。在极端情况下，这将导致"柠檬市场"，[15] 高质量的生产商被低质量的生产商赶出市场，因为消费者事先无法区分它们。其次，存在道德风险问题，因为律师一旦被选中，就会有过度供给的动机。Leland（1979）表明，建立最低质量标准可以解决逆向选择问题。然而，他指出，如果最低标准是由职业本身设定的，从社会效率的角度来看，这个标准就会被定得太高。

信息不对称的问题并不适用于法律服务的所有消费者。[16] 当委托人本身是一家公司，拥有自己的内部律师，可以评估外部法律服务提供商提供的服务时，就可能不会出现这种情况。在委托人是法律服务的重复购买者时，也是如此。通过重复购买获得的知识和经验，可以减少并最终消除信息不对称，因为低质量的产品很可能会随着时间的推移而暴露出来。当委托人是重复购买者时，律师方面的机会主义行为也会减少，因为律师不希望直接失去未来的潜在业务，也不希望通过委托人网络间接失去声誉。[17]

即使没有逆向选择问题，道德风险问题也可能存在。在Quinn（1982）看来，对于法律职业服务而言，法律职业人员可以被视为在履行两项功能：代理功能，即确定委托人的需求，制定适当的策略以服务委托人；服务功能，包括使用技术知识提供所选择的策略。通常情况下，在法律服务市场中，提供代理功能的律师也会履行服务功能，或者，当服务

---

〔15〕 柠檬市场的分析起源于 Akerlof（1970）。

〔16〕 See for example, Hudec and Trebilcock（1982），Trebilcock（1982），Stephen（1994）Stephen（2006），Stephen and Love（2000），Grout et al.（2007）and Stephen, Love and Rickman（2012）.

〔17〕 Stephen、Love 和 Paterson（1994）以及 Stephen 和 Love（1996）讨论了如何利用银行和建房互助会等经常购买法律服务的机构为不经常购买法律服务的人提供代理职能的问题。

功能需要专业知识的时候，该服务功能将由提供代理功能的同一律师事务所的其他律师提供。[18]在英格兰和威尔士，当服务功能需要在高等法院进行诉辩时，通常由独立出庭律师提供，[19]虽然提供代理职能的事务律师将对诉讼负责。

这种情况导致了道德风险。提供代理职能的律师有动机推荐昂贵的服务策略，由他/她或者他/她所在律师事务所的其他成员提供，这被称为是由供给者诱发的需求。[20]当这种情况发生时，资源的配置将不是社会最优的，将会出现市场失灵，这可能需要进行规制。

这种潜在的市场失灵是由委托人和提供代理职能的律师之间的信息不对称引起的。如上所述，如果没有这种信息不对称，就不需要律师履行代理职能，委托人将能够确定谁能最好地提供服务功能。在委托人雇有内部律师，如委托人为可以承担代理职能的商业公司或者其他的组织的情况下，就是这样。[21]然而，如果委托人是个人、家庭或者小型组织，没有雇佣内部律师，就会存在信息不对称，从而产生代理问题和市场失灵。信息不对称问题的代理功能/服务功能维度在文献中并没有得到广泛的讨论。它起源于 Quinn（1982），并在 Stephen 和 Love（2000）以及 Stephen、Love 和 Rickman

---

〔18〕 下一章将更详细地讨论这个问题。

〔19〕 注意，在 1990 年《法院和法律服务法》以后，诉辩职能可以由同一律师事务所的事务律师—诉辩者进行。

〔20〕 供应者诱发的需求现象在卫生保健领域得到了广泛的研究。尤其是在美国。See papers cited in Fenn Gray and Rickman（2007）. 在英格兰和威尔士法律援助账单不断上升的背景下，Bevan（1996）将这一概念应用到英国的法律服务中。然而，这一分析受到了 Cape 和 Moorhead（2005）的挑战。Stephen（1998）认为，法律援助开支增加与产权转让市场下滑之间的联系，也可简单解释为法律援助工作对律师的相对吸引力有所改变。

〔21〕 由于工作量方面的考虑，或者受雇的律师可能不得在相关司法辖区开展必要的保留的法律活动，内部律师可能无法提供服务职能.

（2012）的著述中得到了讨论。

这个问题的一个特别突出的表现是，当进行诉讼的律师事务所雇有事务律师—诉辩者，且存在专业的独立法庭辩诉人（如出庭律师和诉辩律师[22]）时，会出现法庭诉辩人的选择问题。提供代理职能并进行诉讼的事务律师，可以从律师事务所内部选择一名事务律师—诉辩者，而不必从外部选择一名出庭律师或者诉辩律师。这一决定可能会受到把业务留在律师事务所内部的愿望的影响，而不是可获得的诉辩质量的影响。Melville 和 Stephen（2011）对诉辩者的访谈，提供了关于这个问题的例子。在讨论事务律师—诉辩者的出现对诉辩者工作的影响时，一名诉辩者回答说：

> 这对刑事领域有巨大的渗透……事务律师是守门人，委托人去找事务律师，事务律师挑选诉讼律师。在过去，高等法院的出庭规则意味着他们必须有一个诉辩者，而委托人对此一无所知。但是现在，事务律师—诉辩者有了出庭权，他们就可以自己做了。理论上，他们必须告诉委托人他们可以使用诉辩者，但是这只是与委托人的一个相当敷衍的对话，而委托人并不会问。（Advocate quoted in Melville and Stephen, 201 I, p. 29）

正如这句引语所暗示的那样，即使执业规则或者伦理规范要求律师将委托人介绍给更专业的职业人员（或者确实要求委托人做出选择），这个问题也会持续存在。一个不涉及在

---

〔22〕 在苏格兰，"诉辩律师"是对专业出庭辩护人的称呼。他们通常被认为大致类似于英格兰和威尔士的出庭律师，他们有着不同的起源和规制结构。他们是诉辩律师协会的成员，与英格兰和威尔士的出庭律师相比，他们在苏格兰法律职业中所占的比例要小得多。为进一步了解诉辩律师协会的历史和组织，see Melville and Stephen（2011）.

诉辩者（出庭律师）和事务律师—诉辩者之间进行选择的相同现象的例子是，综合执业的事务律师在仅对所涉法律专业领域有有限知识的情况下处理案件。这会导致不充分或者不恰当的建议，Moorhead 和 Sherr（2003）的研究说明了这一点。[23]这一证据表明，即使市场在受到规制的情况下，这些问题仍然存在。

近年来，信息不对称问题已经成为许多司法辖区对法律服务市场进行规制的主要理由，不仅是经济学家，而且政策制定者和规制者也提出了这一点（see for example OFT, 2001, p. 2; EU Commission, 2004, p. 9; Clementi, 2004, p. 16; Wallman and Denys, 2011）。市场失灵的另外两个潜在来源是外部性和公共物品。

一些作者[24]认为，法律服务市场失灵的第二个原因是外部性的存在。律师为委托人提供的法律服务的质量影响到他人的福祉。根据所涉及的交易，这些人可能包括遗嘱规定的继承人、财产购买者的继承人、未来财产购买者和法院。换言之，法律交易的边际社会效益超出了给法律职业人员的委托人带来的利益。因此，即使委托人可以评估边际私人利益，她／他也不会选择对于社会而言最优的服务数量。Van den Bergh 和 Montagnie（2007）认为法律确定性就是这样一种外部性。也有人认为，"适当的司法"是高质量法律服务的外部性，因为低质量的法律服务可能会增加未来使用法律系统的成本。

---

[23]　Moorhead and Sherr（2003）进行了一个研究，该研究使用了示范委托人向事务律师寻求福利、住房和就业法方面的意见。该研究区分了综合执业型事务律师和在这些领域具有专业知识的事务律师，发现大约40%的综合执业型事务律师提供的建议会违背示范委托人的利益。

[24]　See for example the LECG Report contained in OFT（2001），Van den Bergh and Montagnie（2007），Philipsen and Maks（2005）and Philipsen（2007）.

Stephen（2008）认为，并非所有这些外部性都独立于信息不对称问题。如果法律确定性增加了交易的价值（如合同、财产转让、遗嘱），缔约双方将愿意为保证法律确定性的更高水平的服务付费，因为法律确定性对第三方的价值，可资本化为作为法律服务的基础的交易价值。[25]然而，在现实中，法律服务的消费者无法实现这一点，因为他们无法知道法律确定性需要什么，或者在特定的交易中是否实现了法律确定性，这也是信息不对称的问题。

即使信息不对称问题没有出现，一些外部性也可能无法在交易中得以体现。这就产生了一个公共物品问题。Stephen（2008）提出，要求法律服务的委托人为公共利益和私人利益支付费用，提高了服务的价格，并在边际上导致一些潜在委托人不购买法律服务。例如，在许多发展中国家，使用正式法律制度的高昂成本导致许多财产交易发生在法律制度之外，从而降低了法律的确定性（see de Soto, 2000）。对于公共物品的存在这一问题，通常的救济办法是向生产者提供公共供给或者补贴，而不是将成本强加给与公共物品共同生产的私人物品的消费者。

信息不对称导致了法律服务市场的市场失灵。虽然现在已经认识到信息不对称并不适用于所有的法律服务市场，但是它仍然存在于许多法律服务市场，并且仍然是继续规制这些法律服务市场和法律职业人员的一个有说服力的理由。即使规制的理由得到证实，仍存在谁应该成为规制者的问题。本章的下一节分析了律师职业自身的自我规制，这一直是许多司法辖区对律师进行规制的主要形式。

---

[25] Van den Bergh 和 Montagnie（2007）所引用的在财产转让中使用拉丁公证人所产生的法律确定性的例子中，大多数都可能导致更高的财产价值。

法律职业的自我规制

从规制的公共利益观来看，市场失灵必然导致失灵的市场被规制。这种规制应该采取何种形式？ Robert Dingwall 和 Paul Fenn（1987）提出了许多可能的干预形式：社会可以补贴高质量的供应商，防止他们被市场所驱使；政府可以对未达到规定质量水平的供应商进行处罚；最后，Dingwall 和 Fenn（1987）提出，只有达到最低质量标准的供应商才能进入市场。第一种情况被排除在外，因为不可能确保那些接受补贴的人在所有交易中都保持所需的质量水平。第二种和第三种情况要求一个机构对质量进行规制。Dingwall 和 Fenn 认为，只要不被生产者利益所俘获，职业自身的自我规制就可以发挥这种作用。在为自我规制辩护时，这些作者称，鉴于自我规制的悠久历史，它必须满足一种需要，否则民主制度是低效的，因为它未能消除一种效率低下的制度。他们认为，职业自我规制之所以能够持续存在，是因为在职业与社会之间存在着一种隐性的社会契约：职业同意不利用其垄断地位，以换取自我规制的权利。[26]不过，他们承认，社会需要保障措施。一个可能的保障措施是，每个职业都充当其他职业的监督者。自 Robert Dingwall 和 Paul Fenn 撰写论文[27]以来的30 年里，在包括英国在内的许多司法辖区，人们对这种社会契约的信任很可能已经减弱。

许多作者[28]指出，自我规制者比外部规制者有信息优势。与外部规制者相比，职业人员拥有更多的专业知识和技术知识，从而降低了自我规制者的信息成本。自我规制者在确定

---

〔26〕 这一直是职业的隐含地位。参见本章早些时候在脚注 1 中的讨论。

〔27〕 这一结果将在第七章和第八章中讨论。

〔28〕 See Ogus（1995），Curran（1993）and Van den Bergh（2006）among others.

高质量和设计保持质量的方法方面可能具有更多的专业知识。因此，这种更多的专门知识降低了监控和执行成本。自我规制有可能比外部规制更灵活，外部规制者可能更加官僚，自我规制者可能更容易实施变革，特别是在外部规制由立法调整的情况下。在一个动态的市场中，自我规制的灵活性可以使我们对消费者偏好的变化或者技术的变化作出更大的回应。自我规制还可能意味着，规制的直接成本将由职业成员承担。[29]当然，就这些优势，还必须权衡行业使用自我规制制度为其成员谋取经济利益的风险。正如随后章节的讨论所表明的那样，灵活性的潜力可能会被行业内的保守倾向所否定，这种保守倾向是由对一致性的渴望所引起的，这种一致性会对创新产生抵触，或者实际上会阻止接触到本章第一部分所讨论的创新来源。[30]

每个职业都充当其他职业的监督者，这一观点与 Anthony Ogus（1995）提出、Roger Van den Bergh（2006）讨论的规制竞争或者竞争性自我规制的概念有一定的共鸣。Anthony Ogus 讨论了他所谓的竞争性自我规制的三种变体：不受约束的市场竞争；独立机构辅助的竞争；为了事后垄断而进行的事前竞争（ex ante competition for ex post monopoly）。[31]第二个实际上是不同的职业之间的竞争，这可以被看作是一种非常激烈的监督手段。

规制竞争，是指在同一活动领域工作的职业人员，可以就一个以上的规制组织的资质、实务规则和伦理标准进行选择。因此，职业团体就受规制者"展开竞争"，消费者还可

〔29〕 然而，根据职业服务需求的价格弹性，这些成本将会转嫁到消费者身上。
〔30〕 特别是，请参阅第八章中关于创新的障碍的讨论，这些障碍来自于许多司法辖区对法律职业开放的狭隘的商业模式。
〔31〕 第八章中对这些选项进行了更详细的讨论。

以在相互竞争的规制组织中的职业人员自由进行选择。Ogus（1995）指出，如果不加以限制，这种竞争可能会导致一场竞次竞赛，因为信息不对称将意味着消费者只能通过价格比较来区分不同的规制组群。如果提供高质量服务的成本本质上比提供低质量服务的成本更高，那么这就会造成质量下降的后果。

Anthony Ogus 得出结论认为，这种自我规制竞争需要由一个"公共机构"监督，以确保所有竞争的自我规制机构都达到某种"最低"质量水平。后面一章将论述，自 20 世纪80 年代中期以来，英国的许多政策发展都已经涉及这种受限制的规制竞争形式。

使用"公共机构"来约束自我规制的职业的行为，也涉及共同规制的概念。共同规制可以采取多种形式，在这些形式中，规制责任由自我规制组织和代表"公共利益"的组织共同承担。后者可能是监督规制机构或者政府部长。然而，Roger Van den Bergh（2006）认为所有不同形式的共同规制都需要"批准职业团体的规则、惯例和程序"的国家机构的更多直接参与（p. 163）。另一方面，在竞争性自我规制下，公共机构有义务设定自我规制机构必须达到的最低标准，并促进它们之间的竞争。预计不同的自我规制者将在质量而不是价格上展开竞争。令人感到矛盾的是, Van den Bergh（2006, p. 175）得出的结论是，由于共同规制（虽然国家直接参与较多）赋予自我规制职业过多权力，相对于竞争性自我规制，共同规制不太可能产生高效规制。

Shaked 和 Sutton（1981a, 1981b, 1982）对自我规制的职业和与准职业人员的竞争进行更正式的分析。在现代环境下，可以将这些模式中的"准职业"视为与模式中的"职业"相比选择了较低质量门槛的职业。这些论文的焦点是准职业对社会福祉的影响。

在这些模式中，给消费者的信息被视为是"职业"规模的一个功能。在 Shaked 和 Sutton（1982）使用的模式中，如果价格不超过消费者认为保证质量的临界价格，消费者将选择从该职业购买服务。职业规模越大，消费者获得的信息就越不一样，但是消费者认为质量高的可能性也就越大。"……多数情况下，购买那些服务的，是对其质量比较满意的消费者。"（p. 179）在给定价格的情况下，"职业"规模越大，需求就会越高。即使一个较小规模的职业实际上可能有更高的实际质量，这也适用。因此，一个职业的较高的平均质量可以与较低的价格联系在一起，这个结果是由消费者一侧驱动的。Shaked 和 Sutton（1981b）审视了当消费者有不同收入但是偏好相同时准职业的可行性。在这种情况下，准职业的生存能力取决于消费者的两个收入群体的相对规模。这表明，在现代语境下，竞争性自我规制体系的可行性将取决于社会收入的分配。

一些作者认为，除了规制，还有其他解决信息不对称问题的办法。Stephen、Love 和 Paterson（1994）以及 Stephen 和 Love（1996）提出，重复购买法律服务的人，如银行和建房互助会，可以为不经常购买的人履行代理职能。[32]尤其是下一章，将讨论组织形式和质量保证之间的关系。Fama 和 Jensen（1983a, 1983b）认为，职业人员之间的无限责任合伙为质量提供了保障，因为每位合伙人都愿意将自己的财富与其他合伙人和雇员的表现挂钩。然而，作为律师事务所的组织形式的无限责任合伙的转变，削弱了这一论点，同样的，其他作者提出的相反观点将在第三章中讨论。Leffler（1978）

---

〔32〕 尽管某些类型的交易（如抵押贷款）对于银行 / 建房互助会而言可能有利益冲突。

以及 Klem 和 Leffler(1981)声称竞争本身会产生质量信号。只有在对品牌资本进行重大且不可挽回的投资的情况下,这种观点才能持续下去。这一论点将在第八章中进一步阐述。

小结

就法律服务市场应受到规制,而不是由市场供求力量调整,本章考察了法律职业规制的传统观点。人们已经看到,法律职业将这一目标与法治等更高层次的社会目标联系起来。经济学家认为,关于律师的信息的不对称以及法律服务的不频繁使用者所可能导致市场失灵,可以作为规制的潜在理由。有人认为,法律职业的自我规制是提供规制的成本最低的手段。自我规制一直是法律服务市场对市场失灵的主要反应。[33]在一些司法辖区,已经发展出一套共同规制制度。在其他一些司法辖区,政策制定者已采取行动,引入了一套更为明确的竞争性自我规制体系。这些发展将在本书后面的章节中进一步分析。下一章转向讨论自我规制的职业为影响其职业成员的行为而使用的工具。

---

[33] See, inter alia, Arrunada(1996), Curran(1993), Dingwall and Fenn(1987), Evans and Trebilcock(1982), Faure(1993), Finsinger(1993), Federal Trade Commission(1984), Helligman(1993), Herrmann(1993), Lees(1966), Marcos(2000), OFT(-001), Ogus(1993), Pashigian(1979), Paterson, Fink and Ogus(2003), Stephen(1994), Stephen and Love(1996), Stephen. Love and Paterson(J 994), Van den Beroh(1993).

第三章　律师是如何规制的

在前一章中，我们介绍了规范律师和法律服务市场的传统和经济理由。有人认为，自我规制本身可能最终导致规制俘获，解决这一问题的办法被认为是规制竞争。然而，前一章并没有详细讨论垄断性自我规制可能产生的问题。本章通过提供对规制法律职业人员的工具的经济学评估，来弥补这一缺陷。

自我规制的工具

职业自我规制机构使用了许多工具来规制其所要规制的职业人员的行为。许多论者认为，这些工具违背了公众利益。[1] 这些工具包括：

i. 准入限制；

ii. 广告和其他营销活动限制；

iii.律师费竞争限制；

iv. 与委托人达成的律师费合同的性质限制；

---

[1] See for example Cox（1989）, Curran（1993）, Domberger and Sherr
（1987, 1989）, Evans and Trebilcock（1982）. Faure（1993）. Finsinger
（1993）, Federal Trade Commission（1984）, OFT（200I）, Scottish
Executive（2006）, Scottish Home and Health pepartment（1989）, Stephen
（1994）, Stephen and Love（1996）, Stephen, Love and Paterson（1994）,
Van den Bergh（1993）.

v. 组织形式限制。

反不正当竞争主管部门有时将本清单中的第 ii、iii 和 iv 项称为行为限制，而将第 v 项称为实体限制。[2] 现在我们依次讨论这些问题。

准入限制

事实上，有两个独立而又相互关联的因素与准入限制有关：第一，职业成员资格本身可能在某种程度上受到限制；第二，进入某一特定法律服务市场的生产者可能只限于某一特定职业的成员。后者可以被称为职业垄断权。只有具备了这两种要素，才能说某一特定法律服务的供应受到了职业的限制，目的是为其成员产生经济租金。第一个关于职业规制对职业人员赚取的经济租金的影响的现代经济学研究是 Friedman and Kuznets（1945），该研究估计，1929-1936 年间，美国法律职业所赚取的经济租金占国民收入的 15% 至 110%。[3]

如果把成员数量的增长作为衡量标准的话，在战后时期进入法律行业并没有受到太大的限制。在欧洲的司法辖区[4]和美国，[5] 律师的数量都在显著增加。继续进入法律职业可能会压低律师事务所雇用的这些律师的工资，这样这些律师事务所的合伙人就能赚取经济租金。然而，这要求这些新进入这一职业的人最终无法建立自己的律师事务所，来与老牌律师事务所的合伙人就赚取的租金展开竞争。尽管在某些司法

---

[2] See for example OFT（2001）.

[3] 这是对所有限制的综合影响的估计，而不仅仅是对准入限制的影响的估计。

[4] See for example Bowles（1994），Faure（1993），Helligman（1993），Herrmann（1993）. Ogus（1993），Stephen and Burns（2007）.

[5] See Curran（1993）and Lueck, Olsen and Ransom（1995）.

辖区，职业人员在成立独立的法律执业机构或者成为合伙人之前，需要提供最低的资格后服务，[6]但是这只能推迟律师事务所数量的增长，而不是完全限制它。

一些司法辖区对律师执业存在地理上的限制。例如，法律职业成员只能在其注册地（或者其所在当地律师协会所在地）的法院出庭，而且他们只能在一个这样的地方司法辖区注册。在不太遥远的过去，比利时、法国和德国的情况就是如此。[7]在美国，在州律师业的层面上，这种情况仍然存在。瑞士的一些州律师[8]在其民事和刑事法院仍仅有非常有限的出庭发言权。

即使在没有正式的律师执业地域限制的地方，其他行为规则，如对广告、律师费或者"压价"或"排挤"现有供应商的限制，可能会提高进入提供个人法律服务的具体地方性法律服务市场的成本。这些限制使得新进入者很难在当地市场产生商誉。它们抑制了当地市场的可竞争性，并阻止了就赚取的租金与现有供应商的竞争。

关于法律服务市场流动性限制的影响的证据，集中于美国各州律师协会之间缺乏互惠的影响上。大多数这类研究表明，缺乏互惠性会导致律师数量更少，律师收入更高。[9]然而，Lueck, Olsen 和 Ransom（1995）发现的结果与州律师协会利用其权力限制执业律师数量的观点不一致。他们发现，在州律师资格考试通过率较低的州和要求获得美国律师协会认可的法律学位的州，律师密度更高。他们确实发现在某个

〔6〕 例如，在苏格兰，根据苏格兰事务律师协会执业规则，事务律师职业的成员只有在获得执业资格三年之后，才能成为律师事务所的股东（Scottish Executive, 2006）。

〔7〕 See Paterson, Fink and Ogus（2003）.

〔8〕 See Stephen and Burns（2007）.

〔9〕 See Holen（1965）, Kleiner, Gay and Green（1982）, Pashigian（1979）.

州，该州较高的律师考试通过率与较低的律师费是相关的。

在最近的研究中，Pagliero（2011）测试了州律师资格考试的难度是否被用作美国各州新取得资格的律师产生经济租金的手段。他同时估计了美国各州新获得资格的律师的供求函数参数，以便估计一个参数，表明各州的律师考试通过率在多大程度上被用来为新进入者产生经济租金。如果律师资格考试通过率被用来产生这样的租金，该参数将取 1 的值。如果不是这样，参数将取 0 值。从 Pagliero 的回归中得到的参数估计是这样的：在传统的水平上，零的真值可以被拒绝，但一的真值却不能被拒绝，换言之，数据与为新进入者创造经济租金而设定的律师资格考试通过率一致。

正如前面所指出的那样，对某一职业的准入限制只有在伴随着该职业的垄断权利的情况下才能有效地产生经济租金。当非成员可以在提供这类服务方面与某一职业的成员竞争时，限制进入该职业并不会给该职业的成员带来太多的经济利益。可以预料，非成员将会就所赚取的经济租金与该职业成员进行竞争。换言之，市场将是可竞争的。[10] 只有在相关市场是不可竞争的情况下，对进入某一职业进行限制才会使其成员受益。

在大多数司法辖区，法律职业成员对一些法律服务有垄断权，而且实际上可能只对那些受单一职业团体规制管辖的人开放。在法庭前进行诉辩的权利几乎在每个司法辖区都以某种方式受到限制。在出庭发言权限制适用的法院层级上有一些不同，很少有禁止当事人（即所谓的诉讼当事人）在案件中自行代理的规定。这些限制主要适用于那些为收费而代

---

〔10〕　就可竞争性，see Baumol, Panzar and Willig（1982）and Church and Ware（2000, pp. 507-13）. 然而，需要指出的是，即使市场是可竞争的，如果消费者认为与非职业成员相比，职业成员能提供更高质量的服务，职业成员的价格将高于非职业成员的价格。

理当事人的人。然而，在一些司法辖区，即使是在法院诉讼中的代理权也不限于法律职业成员。芬兰往往被视为在法院的出庭发言权方面最为自由的司法辖区，[11]然而，这些权利正受到越来越多的限制。[12]

在许多司法辖区，为获利目的提供法律咨询是不受限制的。根据 Paterson、Fink 和 Ogus（2003），比利时、芬兰、意大利、爱尔兰、荷兰、瑞典和英国所有司法辖区的情况都是如此。然而，在奥地利、丹麦、法国、德国、希腊、卢森堡、葡萄牙和西班牙，为获利目的提供法律咨询是法律职业的垄断。根据 Gillian Hadfield（2008）的说法，这似乎也是美国大多数州的情况。但是，在提供法律咨询不受限制的司法辖区，在使用与法律实务有关的特定职衔时，通常会有限制。因此，在英国，事务律师这一职衔，仅限于事务律师协会、苏格兰事务律师协会或者北爱尔兰事务律师协会的成员。出庭律师必须是律师公会之一的成员，并须遵守出庭律师公会颁布的条例。[13]在芬兰，"asianjaja"（通常翻译为"诉辩律师"）这一职衔仅限于芬兰律师协会的成员，而拥有法律硕士学位的人则被称为"lakimes"（翻译为"律师"）。

在这一小节中，我们认为有两个相互关联的因素可以限制进入法律服务市场。首先，可能有一些法律活动是保留给

---

[11] See for example Paterson, Fink and Ogus（2003）.

[12] 只有芬兰律师协会的成员才被允许在刑事法院出庭，在民事法院代理委托人要求有法学硕士学位（虽然行政法庭不要求）。然而，从 2013 年 1 月起，芬兰律师协会成员以外的律师必须注册，并接受一个新的理事会的监督。

[13] 自 2007 年《法律服务法》通过后，事务律师协会和出庭律师公会的规制职能分别由事务律师规制局和出庭律师标准理事会执行，以将事务律师协会和出庭律师公会的规制职能和代表职能分开。

那些达到某种资格标准的人或者职业团体成员的。其次，进入职业团体可能会受到某种限制。如果没有前者，后者将无法提高经济租金。事实也证明，不同司法辖区的这些安排有相当大的差异。

广告限制

从第二章第一节可以推断出，对律师就其服务做广告的能力进行限制，常常被自我规制的团体用作控制其成员行为的工具。在经济学家看来，这是限制法律服务市场竞争的一个手段。[14] 近年来，反不正当竞争主管部门和其他公共机构也认同了这一观点。[15] 律师职业的许多成员及其规制团体认为，律师广告是不职业的行为，相当于"招揽生意"，类似于"追逐救护车"。比如，在苏格兰：

在20世纪30年代到1985年间，法律全面禁止事务律师为他们的服务做广告，理由是：（a）广告暗示律师可以从中获利，淡化了律师与委托人之间的信任关系；以及（b）由于事务律师对公众负有更广泛的职责，这种广告被排除在外。（Scottish Executive, 2006, at paragraph 6.1）

根据事务律师事务规则1936-72, r 1，类似的规定也适用于英格兰，该规定禁止"透过敦请委托、广告或者兜售来获

---

[14] See for example, Cox（1989）, Curran（1993）, Domberger and Sherr（1987, 1989）, Evans and Trebilcock（1982）, Faure（1993）, Finsinger（1993）, Helligman（1993）, Herrman（1993）, Ogus（1993）, Paterson and Stephen（1990）, Scottish Home and Health Department（1989）, Shinnick（1995）, Stephen（1994）, Stephen and Love（1996）, Stepben, Love and Paterson（1994）.

[15] See Federal Trade Commission（1984）, OFT（2001）, EU Commission（2004）.

取职业业务"（Law Society Gazette, 21 January 1987）。这样的限制可以扩展到指定律师事务所办事处外展示的铭牌的最大尺寸，也可以禁止在当地印刷媒体上宣布办公地点的变更。在后一种情况下，律师事务所被允许写信就搬迁的消息通知现有委托人，但是不能做更广泛的"广告"，因为这样做会被视为招揽生意。在第六章中，我们将更详细地讨论英国司法辖区对这种对律师广告的禁令的取消。

在美国，从 20 世纪初开始，大多数州都存在类似的禁止律师做广告的规定，直到最高法院在 Bates v. State Bar of Arizona（1977）案件[16]中做出判决，该案件判定，对律师广告的限制违反了保护言论自由的《美国宪法第一修正案》。州律师协会可以对律师广告进行限制，只要该限制达到了 Central Hudson Gas & Electric Corp. v. Public Service Commission of New York [1980] 案件[17]规定的标准，即它只服务于重大的政府利益，而且只能通过直接促进该利益的手段"（Stone, 2010）。

在欧洲，根据 Paterson、Fink 和 Ogus（2003）的研究，希腊和葡萄牙禁止所有形式的广告，爱尔兰禁止出庭律师发布所有形式的广告，澳大利亚，法国，意大利，爱尔兰（事务律师）和西班牙禁止大多数形式的广告。欧盟委员会为进一步推动欧洲法律服务市场的自由化，发起了一场强有力的运动。第五章将更详细地审视这个过程。

为什么经济学家和反不正当竞争主管部门会对法律服务市场上的广告限制持批评态度？经济学家对职业服务市场广告的政策导向研究，大多是受到 Stigler（1961）关于信息经济学的开创性论文的推动。Stigler 的结论是，广告相当于

---

〔16〕 433 U. S. 350（1977）.

〔17〕 447 U. S. 566（1980）.

大量的消费者检索活动。这种广告观点与哈佛工业组织学院的"结构、行为、绩效"广告观点形成对比，后者认为广告是偏离完美竞争的信号。[18]信息经济学观点是目前职业人员关于广告的主要观点。禁止广告被视为增加了消费者搜索成本，导致竞争减弱。最早使用这个框架进行研究的是 Lee 和 Alexandra Benham[19]，他们调查了美国验光师协会在美国各州实施的一系列信息限制。他们发现，在美国验光师协会成员比例越高，对信息的限制也越严格的州，眼镜的价格也越高。他们还发现，在其他条件不变的情况下，眼镜的购买行为越少，价格就越高。

Stone（2010）研究了在风险代理费合同下运作的法律服务市场（侵权）中律师广告的最佳水平。他指出，在这样一个市场中，广告的最佳水平大于零。然而，Stone 的做法并不能确定广告的最佳水平，作者认为，对律师广告的一些限制可能是为了提高福利。

对法律服务市场竞争加剧持批评态度的人士认为，竞争加剧，特别是通过广告，将导致所提供服务的质量下降。Rogerson（1988）表明，即使广告本身没有关于质量的信号，价格广告也能间接地反映质量。他认为，价格广告能增进福祉，因为它增加了消费者的选择。然而，它也表明，当价格广告主要是由低价/低质量的供应商进行时，价格广告将是质量的不利信号。

Rizzo 和 Zeckhauser（1992）进一步指出，当消费者无法确定职业服务的质量时，他们很可能将低价解读为低质量的信号。这是因为他们认为这表明有见识的消费者认为供应商

[18]　就关于结构、行为和绩效范式的讨论，see Church and Ware（2000,pp. 425-39）and Neumann（2001,pp. 74-84）.

[19]　Benhamn and Benham（1975）.

的产品质量很低。因此，Rizzo 和 Zeckhauser 得出结论认为，价格广告在职业服务市场将是罕见的。确实，联邦贸易委员会（1984）、Stephen（1994）与 Stephen、Love 和 Paterson（1994）发现，即使在有高水平的律师广告的情况下，价格广告的水平也是很低的。[20]

人们进行了大量的实证研究，以测量限制广告在职业服务市场造成的影响。Love 和 Stephen（1996）的一篇综述发现，这一证据的主旨是，对广告的限制导致更高的价格。[21]文献中的一个例外是 Rizzo 和 Zeckhauser（1992）对医生的研究。在第六章讨论英国和一些欧洲司法辖区法律服务市场放宽规制的影响时，将更详细地审视这些实证结果。

律师费限制

在许多受规制的法律服务市场，法律职业人员向其委托人收取的律师费，是以收费标准的形式规定的。计算费用时采用了不同的根据：花费在事务上的时间、编制的文件的长度、交易的价值以及这些因素的组合。在一些司法辖区，自我规制团体规定了收费编制；[22]在另一些司法辖区，由国家规定了收费标准；[23]在另一些司法辖区，由国家与自我规制团体协商确定收费标准。在某些司法辖区，这些收费标准具有法律效力。

自我规制者给出了许多理由来证明这种收费标准是合

---

[20] 例如，Stephen（1994）报告，1988 年，在苏格兰，尽管将近57%的律师做了广告，其中只有2.6%的律师公布了价格，即便是产权转让等相对标准化的交易也是如此。

[21] Love 和 Stephen（1996）指出了这些研究的局限性。

[22] 例如：英格兰和威尔士、苏格兰。

[23] 例如德国的法院案件。

理的：确保职业人员专注于必要的工作，而不是要产生的
收入；消除为了使收费具有竞争力而偷工减料的诱惑；让
委托人相信，无论哪个职业成员提供服务，都能完成同样
的工作。例如，垄断委员会（1970, paragraph 102）报告
了"一些职业提出的观点，这些观点认为，价格竞争的消
除不仅消除了低于职业标准的诱惑，而且积极鼓励执业者
在服务质量上进行竞争，鼓励委托人寻求最佳服务"。然
而，值得注意的是，所有这些都减少了职业成员之间的竞
争。此外，基于基础交易价值（而不是职业人员所涉及的
时间或者技能）的职业标准收费，可以被视为制度化的价
格歧视。因此，如果律师使用的是标准合同，而在制作具
有不同基础价值的合同时几乎不涉及额外的职业工作，那
么将起草合同的职业费用确定为合同货物价值的某个百分
比，就构成了价格歧视。

通常，基础交易的价值可以被解释为委托人财富的代表，
因此，对涉及相同职业投入的工作，向财富不同的委托人收
取不同费用，则是价格歧视。在职业技能和付出没有差别的
情况下，将与房屋买卖有关的产权转让费按房产价值的某个
百分比设定，将构成价格歧视。确实，由于有关物业的历史、
位置或者特性，与价值较高的物业有关的产权转让所需要的
知识和技能可能比价值较低的物业要少。在这种情况下，价
值较低的物业的产权转让费用应当高于价值较高的物业的转
让费用。[24]

如果两个类似的交易（例如价值不同的物业的转让），
提供服务的费用与成本的比率不同，就可以说在形式上

---

[24]　就产权转让收费标准的价格歧视问题所进行的分析，see Domberger and
　　　Sherr（1987, 1989）and Stephen et al.（1993）. 这些论文中提出的问题将
　　　在第六章进一步讨论。

存在价格歧视。在竞争激烈的市场中，价格歧视是不可能的。通过规制团体或者国家规定的强制性收费标准，来收取与价值有关的费用，限制了职业人员之间的竞争。因此，收费标准被经济学家和反不正当竞争机构视为反竞争：

　　一般来说，我们认为，在价格上不得进行竞争的集体义务，或者不鼓励这种竞争的集体性限制，是限制竞争最有效的手段之一。在目前不允许进行价格竞争的职业服务的供应中引入价格竞争，很可能是为了提高效率和创新，以及可以适用于该职业的各种服务和价格的最有效的单一刺激因素。（Monopolies Commission, 1970. p. 78）

　　收费标准的存在，特别是，再加上禁止广告和在委托前报价，[25] 削弱了职业人员相互竞争的手段。

　　自《里斯本条约》[26] 以来，欧盟国家内法律服务市场的放宽规制过程导致了强制性收费标准的取消。在一些司法辖区，保留了建议的最高收费额和最低收费额，而在另一些司法辖区，强制性收费标准被转换为"推荐性"收费标准。人们经常说，与强制性收费标准相比，推荐性的收费标准的效果几乎没有差别。例如，英国的垄断和合并委员会认为：

　　在我们看来，所谓的强制性收费标准和推荐性收费标准

---

〔25〕 Domberger 和 Sherr（1987, 1989）表明，当委托人要求对英格兰和威尔士的产权转让收费进行估算时，实际收取的费用在统计上（和经济上）会显著降低。

〔26〕 英国司法辖区的放宽规制进程在此之前就已开始，并在 20 世纪 80 年代中期达到显著水平。

在实际效果上几乎没有差别……虽然不能特别针对违反推荐性收费标准的行为采取惩戒行动，但是在某些情况下，可以引用所收费用没有遵守收费标准这一事实，来支持对违反某些其他规则的指控……这样与强制性收费标准相比，既有的执业者不会更容易背离推荐性收费标准。（Monopolies and Mergers Commission, 1970, p. 22）

这种观点得到了一些经济学家的支持（for example Arnauld, 1972, p. 498）。Domberger 和 Sherr（1987, 1989）声称，在英格兰和威尔士，产权转让交易的收费标准在被取消的十多年后，仍然影响着律师收取的费用。这一观点受到了 Stephen 等人（1992, 1993）基于实证的质疑。这个问题将在第六章进一步讨论。

Shinnick 和 Stephen（2000）在理论和实证基础上对推荐性收费标准具有强制性收费标准的能力的可能性提出了质疑。他们根据经济学文献认为，法律服务市场不具备发现收费卡特尔"宰人"的条件。这些条件包括：一个允许卡特尔执行其协议的法律环境；对服务无波动需求；卡特尔成员的成本条件同质；价格透明；律师事务所的数量、集中度和相对规模；委托人规模与重复购买者的存在；市场进入壁垒。他们分析了爱尔兰和苏格兰在产权转让推荐性收费标准期间存在的报价，并说明了与这些推荐性收费标准存在的显著偏差。他们指出，他们的证据与当地卡特尔行为的存在是一致的，尤其是在爱尔兰。然而，反不正当竞争主管部门称，强制性收费和收费标准都是反竞争的，因为它们将价格歧视制度化了。有理由怀疑这种主张的经验有效性，即收费标准在被取消后很长一段时间内仍有持久的影响，推荐性收费标准与强制性收费标准具有同样的影响。第六章将更详细地讨论检验这些主张的实证研究。

律师费合同限制

第四章详细讨论了对英格兰和威尔士以及苏格兰刑事法律援助律师合同变化的影响进行的研究，来说明各个律师对激励是如何回应的。此刻，我们感兴趣的是律师的自我规制者的规则或者律师执业所在司法辖区的法律，就对律师形成激励的各种合同类型可能施加的限制。

关于律师费合同的激励性，有大量的文献，主要集中在所谓的风险代理费合同上。[27] 风险代理费合同在美国广泛应用于侵权诉讼中。在风险代理费的情况下，如果案件败诉，律师将不收取任何费用，但是如果胜诉，律师将获得预先规定的委托人判赔的份额。[28] 从历史上看，风险代理费在大多数欧洲司法辖区是不被允许的。[29] 然而，近年来，特别是在英格兰和威尔士，出现了一种更有限的风险代理费，即附条件收费。[30] 事实上，附条件收费在苏格兰已经存在多年，但

---

[27] See for example Clermont and Currivan（1973），Duna and Spier（1993），Danzon（1983）. Emons（2000, 2007），Emons and Garoupa（2006），Fisber（1988），Gelzn and Waterson（1993），Halpern and Turnbull（1982），Hay（1996），Kritzer et al cuele Lynk（1990），Miceli（1994），Miceli and Segerson（1991），Kickman（1994）. Rubi and Scotchmer（1993）. Schwartz and Mitchell（1970），Smith（1992）. Thomaeid（1991），Watts（1994）.

[28] Emons（2007）提出，如果在审判前达成和解协议，这通常是判赔的1/3，如果在审判时达成和解协议，则为40%，如果在上诉时被维持，则为50%。

[29] See for example Faure（1993），Helligman（1993），Hermmann（1993），Rickman（1994）.

[30] Rickman（1994）和 Scottish Executive（2006）指出，附条件律师费是风险代理费的一种形式，因为律师的报酬取决于案件的结果。然而，我们将按照 Emons（2007）的做法，将附条件收费与美国常用的风险代理费进行区分。

是被称为"投机费用"。[31]根据这种收费安排，如果案件败诉，律师将不收取任何费用，但是如果案件胜诉，律师的正常费用将向上浮动。[32]这笔浮动费用可能高达律师标准费用的100%。Emons（2007）报告说，一些欧洲司法辖区[33]已经步英格兰和威尔士后尘，允许附条件收费，其他许多司法辖区也在考虑这个问题。[34]

在许多司法辖区，反对允许收取风险代理费的传统理由是，它们会引发委托人与律师之间的利益冲突。欧洲自我规制团体通常辩称，这将导致律师违反对委托人的伦理义务。律师通过接受庭外和解和避免审判成本，可能会比委托人得到更多的好处，因为根据风险代理费合同，这些成本大部分由律师承担。根据每小时收费合同，审判费用将由委托人承担。[35]事实上，在风险代理收费制度下，出价越高，原告和律师的利益发生冲突的可能性就越大（Gravelle and

[31] See Scottish Executive（2006, pp. 118, 126），其脚注131提到了一个1936年的判例。在苏格兰，立法以及1992年最高民事法院诉讼条例（Act of Sederunt）规定，事务律师（1980年）和诉辩律师（1990年）收费浮动限于最多100%。"Act of Sederunt是苏格兰规范各种民事法律程序的程序规则"，Scottish Court Service website consulted on 24 July 2012 at http: //www.scotcourts.gov.uk/library/rules/rules.asp. 在英格兰和威尔士，附条件收费是由1990年《法院和法律服务法》引入的，但是它们的使用受到了1995年7月开始生效的事务律师协会的职业行为规则的变化的规制。同样是在1995年，大法官发布了两份制定法文件，限制了允许收取附条件费用的诉讼类型，并排除了委托人获得了法律援助的诉讼（see Bailey and Gunn, 1996.p. 544）。

[32] See Gravelle and Waterson（1993），Rickman（1994）and Lord Chancellor's Department（1998），Emons（2000, 2007）Emons and Garoupa（2006）.

[33] 比利时和荷兰。

[34] 例如西班牙、法国、意大利和葡萄牙。随后，根据意大利政府的"贝尔萨尼法令"（参见下文第五章），意大利允许了附条件收费。

[35] 这就含蓄地假定了争端的每一方都要为自己的成本负责，换言之，没有成本转移。

Waterson, 1993)。然而，这种利益冲突在计时收费情况下也是存在的，除非是委托人可能希望庭外和解而不是进入审判，因为委托人将承担进入审判的成本。[36]

已有大量文献对不同假设条件下风险代理收费和计时收费的激励特性进行了比较。[37]最近的分析也加入了与附条件收费的比较。[38]根据 Emons（2007, p. 99），当委托人对案件了解更多时，"……在均衡情况下，我们将只观察到附条件律师费。如果案件风险信息不对称，则在均衡中只会提出风险代理费合同"。另一方面，在观察不到律师的努力的情况下，Emons 和 Garoupa（2006）证明，风险代理费将引出更好的解决方案。

在一篇有趣的论文中，Gravelle 和 Waterson（1993）改变了一个常见的假设，即律师的动机仅仅是出于自身利益，而委托人完全依赖于律师。他们在模式中加入了一个参数，这个参数会随着委托人得到更好的信息或者对律师来说利他行为变得更重要而变化。他们发现，在风险代理费合同中，委托人越知情或者律师越无私，审前要约被接受的可能性就越小。最后，如果律师是利他的，而不是自私的，那么按照风险代理费而不是计时收费方法，案件在审判前和解的可能性会更低。

---

[36] See Gravelle and Waterson（1993），Johnson（1981），Miller（1983），Rickman（1994），Schwartz and Mitchell（1970），Swanson（1991），Watts（1994）.

[37] Clermont and Currivan（1973），Dana and Spier（1993），Danzon（1983），Fisher（1988），Gravelle and Waterson（1993），Halpem and Turnbull（1982），Hay（1996），Kritzer et al.（1985），Lynk（1990）. Micehi and Segerson（1991），Rickman（1994）Rubinfeld and Scotchmer（1993），Schwartz and Mitchell（1970），Smith（1992），Swanson（1991），Thomason（1991）.

[38] Emons（2000, 2007），Emons and Garoupa（2006）.

　　一般来说，关于风险代理费合同模式的观点是，越以委托人为导向，律师就越适合为委托人利益而订立计时收费合同。这一预测在有关风险代理费的有限实证文献中得到了一些支持。Kritzer（1990）报告说，对美国侵权和合同案件的研究发现，当原告是一个组织时，81% 的原告律师的合同是按小时收费的，而当原告是个人时，59% 是风险代理费合同。这和与个人相比组织是更好的知情诉讼当事人是一致的。

　　当将讨价还价引入模式时，Gravelle 和 Waterson 的结果略有修改（Rickman, 1994; Swanson, 1991）。这些作者认为，在风险代理费情况下，律师有更大的讨价还价动力。因此，即使是一个自私的律师，在风险代理费合同下，也可能比按小时取得报酬的律师获得更好的庭外和解。

　　风险代理费还会引发公共政策问题，因为有人认为，它们会增加诉讼的数量（Lynk, 1990）。然而，关于这是风险代理费的消极影响还是积极影响，文献中存在争论。长期以来，有一种观点认为，美国侵权诉讼数量的上升，是由风险代理费激励下的"追逐救护车"的律师引起的。许多经济学模式都反对这种观点。[39]特别是，Miceli（1994）对"无端诉讼"进行了研究，发现没有证据支持这样的观点，即风险代理费鼓励此类活动。一种相反的观点认为，风险代理费提供了一种手段，使厌恶风险和资金受限的侵权行为受害者能够寻求法律救济，如果没有风险代理费，他们将无法做到这一点。风险代理费合同将采取某个行动的风险转移到更适合承担该风险的律师身上。Dana and Spier（1993）认为，如果这些索赔人对他们成功的机会过于乐观，则风险代理费可能会减少

---

[39] See Clermont and Currivan（1973）, Dana and Spier（1993）, Danzon（1983）, Halpem and Turnbull（1982）, Miceli（1994）, Miceli and Segerson（1991）, Rubinfeld and Scotchmer（1993）.

诉讼的数量。附条件收费（或者投机性收费）一直是政策辩论的中心，尤其是在英格兰和威尔士。由于民事法律援助的费用不断增加，人身伤害案件已经不再属于法律援助制度范围内。有人认为，附条件收费安排可使收入有限的受侵害当事人在没有资格获得法律援助的情况下提出索赔。确实，在英格兰和威尔士，附条件收费已经成为民事诉讼融资的主要来源（see Fenn and Rickman, 2011）。就像 Stephen、Love 和 Rickman（2012）所指出的那样，相较于风险代理费，附条件费用的优势在于，它们可以用于非货币性案件。

Jackson 大法官最近对英格兰和威尔士法院的成本进行了审查（Jackson, 2010），建议英格兰和威尔士应该允许使用类似于安大略模式的修改后的风险代理费（Jackson, 2010, Chapter 12）。在对劳动裁判庭使用此类费用审查过程中所进行的研究显示了它们在英国的积极影响（Moorhead and Cumming, 2008）。Moorhead（2008）、Fenn 和 Rickman（2010, 2011）对风险代理费使用的进一步实证结果进行了回顾。

本小节审视了大量关于风险代理费的经济学文献，因为它们的使用被许多欧洲律师自我规制团体和许多司法辖区的法律所禁止。附条件（或者投机性）收费的兴起也受到了研究。有人认为，风险代理收费和附条件收费可能有利于那些厌恶风险、财富有限的潜在诉讼当事人，如果没有这些收费方式，他们就不太可能寻求法律救济。

组织形式限制

从历史上看，在大多数司法辖区，法律职业人员执业的组织形式都受到了限制。这常常被反不正当竞争主管部门描述为一种实体限制。[40] 律师最常见的组织形式是无限责任的

---

[40] See for example OFT（2001）.

合伙。然而，仍有一些司法辖区甚至不允许合伙，例如瑞士格劳宾登州（Canton of Grisons），只有自雇律师可以在律师名册登录。[41]在某些司法辖区，虽然对合伙或其他形式的团体执业（包括公司化）没有法律限制，但是法律职业的特定分支对自己施加了单独执业的限制，尤其是法庭执业者，如出庭律师（在英格兰和威尔士、爱尔兰、北爱尔兰以及澳大利亚除一个州外的所有州[42]）和诉辩律师（苏格兰[43]）。有些司法辖区允许律师以各种商业形式执业。即使在德国（根据Paterson、Fink和Ogus（2003）的分析，在其他方面有着相对严格的制度）也允许律师（Anwiilte）通过联合执业（收入共享、成本和责任共担）、办公室合伙（共享支持人员，共担办公费用等），成为一家民法上的公司（GbR）和有限责任公司（GmbH）。

　　实体限制通常被自我规制的职业团体证明是合理的，因为它确保了法律职业成员并不被视为"从事贸易"或者商业，而是法院的代理人或者服务于委托人的利益，而不是他们自己的经济利益。这是一个悖论，因为在这种情况下，最有可能从事非职业活动或者挪用委托人资金的法律执业人员似乎是单独执业者。例如，在Stephen（2011）对向苏格兰事务律师协会担保基金提出索赔的研究中，81%的律师事务所只有一个合伙人。反不正当竞争主管部门倾向于认为，法律职业

───────────────

〔41〕　瑞士每个州都有自己的法律职业规制制度。在各州间，规制体制的性质有相当大的差异。例如，Stephen and Burns（2007）报告说，苏黎世州的制度相对自由，允许法律实务公司化。他们还指出，在格劳宾登州，只有在格劳宾登州注册并执业的律师，才能成为格劳宾登州律师协会的"现役"成员，只有在格劳宾登州实习过一年的瑞士公民才能参加该州的律师资格考试。

〔42〕　就像Thornton（2005,p. 142）所报告的那样。

〔43〕　第六章将进一步讨论苏格兰的诉辩律师情况。

成员应该被允许选择任何形式的商业组织来执业，而对这种选择进行的任何限制都是反竞争的：

> 要求只有单独执业者才能提供出庭律师的服务，在职业服务及其他服务中是反常的。比如，对图书销售提出类似要求，将在成本、价格、效率、创新和选择等方面将造成明显的劣势。虽然图书销售和出庭律师提供法律服务具有相当不同的经济特性，但是适用的一般经济原理应该是相同的。此外，单独执业者要求也可能会阻止一些人从事出庭律师职业，这些人至少具有那些成为出庭律师的职业能力，但是，如果他们的业务出现下滑，他们便没有可以依靠的财务资源，或者他们有理由厌恶这种财务风险。因此，取消这一限制有助于扩大进入这一职业的机会和扩大该职业的多样性。（OFT, 2001, p. 15）

在自由市场中，哪些因素可能会影响法律执业者对商业形式的选择？现在将概述基于分担风险、规模经济、范围经济和专业化经济的理由而赞成允许多律师实体的一般论点。这种观点隐含在反不正当竞争主管部门反对实体限制的理由中。在此之后，本节将详细阐述关于律师事务所商业形式的主要文献。最后，本节将讨论多行业执业的问题。

经济学文献分析了当企业和其他组织的所有者在其选择不受限制时，影响企业和其他组织的结构的因素。笔者为苏格兰法律服务市场研究工作组（Scottish Executive, 2006）工作时将这种分析用于法律职业，这在 Stephen 和 Melville（2009）中得到了进一步阐述。可能影响这一选择的因素包括多律师组织形式是否能够获得规模经济、范围经济和专业化经济，以及是否能够分散风险。

每一本经济学入门教材都列出了规模经济的来源。其中最主要的是源自于更有效地利用资本和劳动力专业化。前者在法律服务领域是值得怀疑的，至少在涉及有形资本的领域是如此。法律服务的有形资本要求相当小，可能涉及有限的规模经济，仅用适当地参考著作和判例报告，在这里可能是例外。法律服务本质上是人力（而非物力）资本密集型的。

通过群体执业的组织形式提供法律服务，可以使律师在特定法律领域专业化，从而降低服务的成本。多律师事务所还将从使用非律师支持人员的规模经济中受益，这些人本身也可能变得更加专业化（因而效率更高）。包括有着不同专业的律师在内的执业活动，进一步受益于风险的分摊。不同的专业可能面临不同的商业周期，因此专业律师收入的波动可能会在各个专业律师之间变得平缓。风险分散的缺失可能会导致对每个案件收取更高的费用，请参阅下文的进一步讨论。[44] 此外，当委托人有一系列的法律服务需求，而这些需求可以由律师事务所内的各专业律师提供服务，或者当一个法律问题涉及一系列的专业领域时，范围经济就可能存在。范围经济指的是，单个委托人所需服务，由单个律师事务所而不是各个专业律师事务所提供，成本将更低。范围经济适用于单独执业者，但是在多律师事务所，它们能与专业化经济相结合。问题越复杂，专业律师就越有可能占据主导地位，因为专业化经济的好处超过了单独执业者范围经济的好处。在多律师事务所中，与规模经济、范围经济相关的更低成本和风险分担好处，很可能导致多律师事务所在它们被允许的地方占据主导地位，并且在组织形式之间存在不受阻碍的竞争。

对于律师事务所组织形式的选择，已经有许多重要的研究。Fama 和 Jensen（1983a, 1983b）提出了一个基于代理

---

〔44〕 参见 Garicano 和 Hubbard（2011）的讨论。

的论点，认为律师事务所的最佳组织形式是无限责任合伙。Carr 和 Mathewson（1988, 1990）质疑无限责任总是最优的观点，认为有限责任和无限责任的选择取决于案件的复杂性。Gilson 和 Mnookin（1985）研究了在大型律师事务所中使用的薪酬模式的决定因素。他们认为风险分担是最重要的，这导致了被采用的收入分享模式。Garicano 和 Hubbard（2007, 2011）质疑了这一被广泛认可的观点。

　　Fama 和 Jensen 的论文不仅是关于律师事务所的，而且涉及理解组织选择如何处理所有权和控制权之间的分离，这在现代经济学文献中被视为代理问题。除此之外，他们认为，由于律师事务所的人力资本密集性质，所有权和控制权将在这些律师事务所中统一。也就是说，所有权将归属于那些在律师事务所工作的人（或者至少是他们中的一部分）。他们的分析，在许多方面，可以归结为一个特殊的代理问题，即在律师事务所几乎所有的资产都是人力资本的情况下会发生的代理问题。他们认为，在这种情况下，监督"代理人"的行为最好由律师事务所内部的人来完成。这导致了所有权和控制权职能的统一，换言之，委托人和代理人的角色被结合在了一起。因此合伙被认为是这类事务所最合适的组织形式。Fama 和 Jensen 认为，无限责任也确保了合伙成员有相互监督合伙人的动机，因为他们将自己的人力资本价值与其他合伙人的绩效挂了钩。无限责任合伙形式还向律师事务所的委托人提供了质量信号，因为由于信息不对称，委托人无法判断法律服务的质量。律师（能够监控其他律师的表现）愿意将其人力资本的价值与合伙人的表现质量挂钩，这一事实向委托人提供了质量的信号。Fama 和 Jensen（1983a, 1983b）的分析表明，有很强的经济原因可以解释为什么律师事务所应该被限制为合伙形式，且合伙人应当承担无限责任。

尽管这些观点很有说服力，但是有一些因素对它们形成了限制。Stephen 和 Gillanders（1993）在一项对苏格兰律师合伙关系进行的研究中发现，实际上很少有相互监控，但是事先对合伙人的筛选为委托人提供了质量保证。样本中的绝大多数律师事务所的合伙人在成为合伙人之前，都在律师事务所做过大约 7 年的助理。[45]这一证据并没有否定 Fama 和 Jensen 关于合伙和无限责任的论点，但是要求对其进行更灵活的解释。对于他们的论点，一个更有力的反驳是单独执业者律师事务所的生存问题。确实，在许多实行合伙的司法辖区，提供法律服务的事务所中，很大一部分是单独执业的（这些事务所可能雇佣也可能不雇佣其他合格的律师）。[46]然而，Carr 和 Mathewson（1988）认为，单独执业律师事务所的数量正在下降。

Carr 和 Mathewson（1988）对律师事务所强制性无限责任的优越性提出了质疑。他们的观点背后是这样一种观点——如果对于委托人而言，无限责任是质量的有效信号，事务所就会主动采纳它而不是被迫这么做。相反，他们认为无限责任为那些非律师事务所财富（non-firm wealth）正在下降的合伙人提供了在律师事务所质量上进行欺骗的动机。在这篇和另一篇论文（Carr and Mathewson, 1990）中，他们认为，强制性无限责任是低效的，因为它导致了效率低下的小型律师事务所。

---

〔45〕 在进行这项研究的时候，作为非合伙人的有资格员工，在苏格兰称为助理事务律师，在其他地方被称为非合伙律师。

〔46〕 在英格兰和威尔士，2011 年有 4600 多家律师事务所只有一个合伙人。这些占所有事务律师事务所的 45.1%，但是仅占私人执业事务律师的 8.5%（Law Society Research Unit, 2012）。然而，在 2000 年，只有 3468 家这样的律师事务所，占所有事务律师事务所的 41.7%。这表明在 11 年里，只有一个合伙人的律师事务所的数量增加了 32.6%。另一方面，像 2011 年一样，2000 年，一个合伙人的事务所中的事务律师占私人执业律师的 8.5%（Law Society Strategic Research Unit, 2000）。

此外，合伙人之间的相互监督成本高昂，因此供应不足。他们辩称，建立合伙关系的动机出自律师和委托人的利益，以及对案件复杂性的敏感性。在案件复杂性非常低的情况下，律师没有动机在质量上做文章，因此委托人并不要求律师相互监控。因此，在案例复杂性非常低的情况下，综合执业的多面手独资事务所是可以维持的。根据 Carr 和 Mathewson（1990）的说法，随着案件复杂性的增加，委托人发现就使用单独执业的专业律师支付更高的费用是值得的。[47]在合伙人之间的相互监控提供了质量信号的情况下，案件复杂性的进一步增加证明了使用合伙的更高成本的正当性。当涉及极端复杂的情况时，委托人将不愿意支付更高的律师费，而这些律师费是产生更高的准租金，以防止合伙人卸责所必需的。

他们认为，他们的实证证据表明，在允许有限责任的美国各州，律师事务所的平均规模更大，这支持了他们的理论观点。这种对实证证据的解释受到了质疑。[48]

自这些论文撰写以来，随着有限责任合伙企业和公司化律师事务所的出现（和授权），无限责任出现了更重大的转变。允许律师事务所公司化的大多数司法辖区，要求注册的律师持有公司化律师事务所的所有或者大部分股份。这个趋势，以及采用有限责任形式（无论是作为合伙还是作为公司），都表明要么无限责任的信号角色的解释不是经检验有效的，要么律师就此取得的私人益处不敌公司化和有限责任的税收优惠，无论给委托人带来的信号利益如何。

---

[47] 成本之所以更高，是因为单个专业律师无法通过人力资本多样化来分散风险。

[48] Gilson（1991）在评论 Carr 和 Mathewson（1990）时认为，因果关系的方向与作者提出的不同：大型律师事务所更有可能成立公司并承担有限责任，因为与合伙相比，公司适用的税率更低。Carr 和 Mathewson（1991）在回应 Gilson 时认为并非如此。

Gilson 和 Mnookin（1985）考察了律师事务所薪酬的两种模式：共享模式和边际劳动生产率模式。他们得出的结论是，人力资本的多样化倾向于共享模式，但是合伙人"卸责、攫取和离开的风险"倾向于边际劳动生产率模式。前者意味着分散风险。他们认为，律师拥有的律师事务所特有的资本越多，他们就越有可能支持共享模式并参与相互监控。他们在论文中没有直接讨论无限责任的作用，但是隐含着他们承担的是无限责任。

Garicano 和 Hubbard（2011）的一项研究挑战了多律师执业的存在是为了分担风险的观点。这些作者认为，推介有利于合伙。律师的一个委托人需要一个专业的服务，而他／她无法提供（或者不是他最有效的提供者），他／她更愿意将委托人委托给在同一个律师事务所的另一个律师（假设在律师事务所有收入共享协议），而不是将委托人推介到另一个律师事务所（如果是单独执业者的话）。因此，收入共享的团体执业对于律师和委托人而言都是受益的。然而，Garicano 和 Hubbard 承认，如上所述，收入共享可能导致搭便车或者卸责／欺骗。他们认为，收入共享将导致合伙关系，在这种合伙关系中，相互监控可以最有效地进行。当律师事务所的专业化之间存在认知联系时，相互监控得到加强。各专业之间的这种认知联系并不容易在其需求彼此反经济周期的专业之间得到体现。群体执业的风险分散的好处意味着律师事务所内部的专业彼此是反经济周期的。Garicano 和 Hubbard（2011）报告的实证证据表明，在多律师事务所中哪些专业化集中在一起，与群体执业的决定性因素是监控成本最小化而不是风险分摊是一致的。

一个被广泛讨论的政策问题是，是否应该允许律师与其他职业的成员建立合伙关系。一些反不正当竞争主管机构认为，如果不允许律师与其他职业的成员建立合伙关系（或者其他形式的群体执业），就会剥夺委托人从进一步的范围经济中获得的潜在利益，这导致反竞争的后果（或者至少减少了福祉）。委托人对法律服务的需求往往与对其他非法律职业服务的需求相关联。例如，在英国从事房屋买卖的委托人，可能不仅需要事务律师的产权转让服务，还需要测量师、房地产经纪人——或许还有财务顾问——的服务。由于只有一个委托人，而且所有的服务都与同一财产相关，因此可能存在范围经济，因为它们都是由一个组织提供的。通过共用辅助服务（接待、秘书、簿记、办公室租金等），单一组织也可能受益于较低的最低效率规模，因为实现这一规模所需的住房交易将减少。类似的考虑，虽然涉及不同的非法律职业，但是可能适用于复杂的商业交易，如合并和收购。实体限制要求律师只能与其他律师形成合伙关系，其结果是剥夺了律师选择他们最具效率的群体执业形式的机会。

这种不同职业成员的群体执业通常被称为多行业执业（MDP）。反不正当竞争主管部门认为，如果 MDP 不能提高效率，职业人员就不会采用它们，但是如果它们能提高效率，禁止它们就否认了范围经济之益。一些司法辖区确实允许律师加入 MDP。在德国，律师被允许与其他受规制的职业形成合伙关系。在 2007 年《法律服务法》通过后，英格兰和威尔士的事务律师才被允许进入 MDP。[49]

多年来，实体限制要求律师只能通过合伙或者作为单独执业者执业，这被视为解决信息不对称问题的明智限制，但是最近的学术研究开始反对这一观点。本书后面的章节，将讨论和评估 2007 年《法律服务法》——该法允许律师事务所

---

[49] 2007 年《法律服务法》对律师事务所组织形式有更广泛的影响，我们将在第七章和第八章进行详细讨论。

的外部所有权——对英格兰和威尔士的规制制度带来的根本性变化。

小结

本章回顾了有关法律职业规制的经济学文献。然而，有人认为，自我规制工具有时被用于促进职业成员的利益，而不是更广泛的社会利益。本章泛泛提及了对律师自我规制的实证研究。本书的第二部分将研究在欧洲，特别是在英国的司法辖区所发生的放宽规制的过程，以更深入地理解规制的影响和自由化的后果。第七章和第八章将讨论 2007 年《法律服务法》通过后，英格兰和威尔士法律服务市场的激进自由化。

第四章　律师和激励

　　第二章讨论的关于法律职业规制的观点中，尽管经济学家认为，职业人员及其自我规制者是自利的经济行动者，但职业人员则认为，他们的动机不是出于自身利益，而是出于委托人和更广泛社会的利益。这些不同的观点在某种程度上是意识形态的，或者至少是基于一种强烈的假设。本章将审视实证证据，以阐明律师个人及其自我规制机构的行为所揭示的动机。这将使我们对这些相互竞争的观点的相对价值有一些洞察。像大多数经济学家一样，笔者的观点是：要想更好地理解经济参与者的动机，要看他们的行为，而不是事前声明。然而，应该认识到，按照 Gravelle 和 Waterson（1993）的说法，律师应对激励的方式，是由其效用函数中赋予自身经济利益和委托人利益的相对权重决定的。[1] 只要律师的经济利益有一定分量，他们所面临的激励机制的变化就会对律师的行为产生影响。下面审视的证据与这样的观点是一致的，即至少在一定程度上，律师的自身利益对其效用函数有积极权重，至少在某些情况下，其自我规制团体是受到该职业的利益而不是委托人的利益所激励的。这表明，在第二章和第三章中讨论的经济学家对职业自我规制的怀疑是经过了实证

---

〔1〕　See also Manhews（1991）.

验证的，对律师和律师事务所进行规制的制度应该考虑到这一点。

在下一节中，我们将讨论两项研究，这些研究审视了法律援助律师对其薪酬合同变化的反应。它们表明，律师处理案件的方式，是受到他们如何取得报酬而不仅仅是案件的是非曲直影响的。随后的章节提供了一个广泛报道的案例研究，该案例研究的是事务律师协会对委托人投诉的不当处理，以及对苏格兰事务律师协会的主保险和担保基金的运作的评估。这两个案例研究充分说明，在自我规制团体运行的制度中，委托人的利益可能不敌职业的利益，尽管该团体的公开目的是保护委托人免受律师自利行为的侵害。

各个律师的行为

关于律师动机的直接实证证据很难获得，区分律师宣称的动机和他们在现实生活中的行为是至关重要的。要了解现实生活，其中一种方法是考察律师在不同的合同情况下，当提供给律师的激励不同时，他们如何行为。关于风险代理费的大量文献（在第三章讨论过）讨论的是律师的付出与委托人利益之间的关系，关注的是风险代理费合同的激励属性。然而，这些文献大多是理论性的而不是实证性的。很少有实证研究表明，当律师通过基于结果的律师费与投入相关的律师费而获得报酬时，他们的行为有何不同。

有少量这样的实证研究[2]倾向于表明，当律师是通过基于结果的风险代理取得报酬时，案件更有可能在审判前达成和解。然而，这些研究倾向于比较使用那些使用风险代理收费方式的律师和不使用该收费方式的律师的行为。因此，它

---

〔2〕 For example Helland and Tabarrok（2003），Moorhead and Cumming （2008）.

们就律师对不同合同的反应的推断是相当间接的。当一组数据集中的所有律师所面临的合同性质发生变化时，可以得出一组更直接的推论。就英国司法辖区法律援助律师所面对的合同变化的影响所进行的两项实证研究，提供了这种更直接检验的案例研究。

律师对法律援助合同变化的反应

无论是在英格兰和威尔士，还是在苏格兰，法律援助当局在 20 世纪 90 年代改变了支付给刑事辩护事务律师的费用基础。Fenn、Gray 和 Rickman（2007）分析了英格兰和威尔士发生的变化的后果，Stephen 和 Tata（2007）、Tata 和 Stephen（2006）以及 Stephen、Fazio 和 Tata（2008）分析了苏格兰发生变化的后果。在这两个司法辖区，工作的事后付款制度已改为固定收费制度。英格兰和威尔士有三个"标准"收费水平，而苏格兰只有一个固定收费水平。

Fenn、Gray 和 Rickman（2007）分析了 1993 年英格兰和威尔士治安法院法律援助的刑事案件用三种水平的标准收费取代"计时收费＋支出"的情况。他们使用一个简单的激励模式，该模式预测，当"计时收费＋支出"被标准收费取代时，有三个潜在的效应：一是固定价格效应，这源于律师减少他对案件的职业投入（例如减少投入到案件的时间，包括会见委托人，专业投入／付出等）；二是为有资格获得更高水平的费用而加大努力所产生的门槛效应；三是开关效应，这引起了减少标准费用核心付酬所涵盖的付出和成本，[3] 并增加核心付酬所没有涵盖，但是标准收费涵盖的核心付酬之外

---

[3] 形成核心成本的投入是准备、例行信函和电话、在法院代表委托人和法律顾问进行诉辩和出庭。这些费用不是逐项支付的，而是按固定的总额支付的。

的付酬的活动。[4]通过对变化前后一段时间的数据进行回归分析，作者发现了固定价格效应和开关效应。除此之外，作者的结论是：

……在1993年引入标准收费之后，法律援助的被告（和法律援助委员会）似乎得到了一种不同的"产品"。很难说这些产品哪一种更优：这取决于投入和产出质量的正相关程度，以及1993年之前完成的一些工作为委托人的案件增加的价值的程度。（Fenn, Gray and Rickman, 2007, p. 678）

从评估律师如何回应激励的角度来看，这项研究表明，律师如何准备案件是受如何向他们付酬影响的，独立于委托人的需求。Stephen和Tata（2007）报告了法律援助刑事辩护律师对他们与苏格兰法律援助委员会（SLAB）合同变更的反应的研究。在1999年4月以前，在郡法院审理的简易案件中，为受法律援助的被告提供辩护服务的事务律师，其报酬是这样确定的：处理案件的小时数，加上额外支出，包括对证人进行庭前证人陈述存录和分析的费用。[5]从1999年4月1日起，这种类型的合同被500英镑的"固定报酬"或者"固定费用"所取代，用于与辩护有关的所有工作，包括庭审的前30分钟。

如审判延长超过30分钟，则须向辩护事务律师另行支付

---

〔4〕 这些包括旅行和等待时间以及现金垫付款。除标准费用外，每项费用均按详细列明的费率报销。

〔5〕 在苏格兰，"庭前证人陈述存录"一词用于在案件准备过程中代表辩护方所提取的证人陈述（不作为可采证据）。在本研究所涵盖的期间内，没有要求检控方在审判前披露证据。在准备案件时，辩护方会对检控方证人进行庭前证人陈述存录；see further Christie and Moody（1999）. 这些庭前证人陈述存录通常是由庭前证人陈述存录代理人（大部分是退休警官）进行的，但是有时也由事务律师自己进行。

费用。[6]引入这一水平的固定付酬旨在减少"失常审判"的数量，[7]并将简易法律援助的开支减少 20%。

Stephen（2001）模拟了采用固定付酬制度可能产生的影响。他的结论是，影响将取决于事务律师的决定是受他们自己的经济考虑还是受他们的委托人的需要所影响。如果是前者，事务律师可能会减少自己的专业投入，直到其达到与他们所收取的费用相称的水平。长远来看，这些事务律师会调整工作量，以承办薪酬较高的工作，或者增加他们承办的法律援助案件的数目，以适应较低的法律援助费用。另一方面，如果事务律师仅仅受到案件需要的驱动，从长远来看，他们会发现这项工作是无利可图的，而且很可能会有更少的律师愿意从事这类辩护工作。这些力量的一个后果是，在简易案件中提供法律援助辩护工作的事务律师将会减少，而提供这种工作的事务律师将会通过高流量的事务所提供更为例行性的服务。

Stephen 和 Tata（2007）所报告的项目是一项事件研究，该研究审视了郡法院简易案件的法律援助支出，以及在引入固定付酬之前和之后案件通过法院系统的轨迹。SLAB 提供给研究人员的数据意味着，在引入固定付酬以及律师事务所从 SLAB 收到的其他付款之后，可以追踪各律师事务所处理的郡法院简易案件数量的变化。以法院为基础的数据，使研究人员能够检测在郡法院简易案件中，答辩模式的任何变化，

---

〔6〕 下文对英格兰和威尔士的标准收费的变化进行了更详细的描述和比较：Stephen and Tata（2007）.

〔7〕 "失常审判"是指确定了审判日期，但是由于被告将其答辩从无罪改为有罪或者检控方在审判当天放弃检控而没有发生的案件。这样做的后果是，扰乱了法庭的日程安排，浪费了被传唤出庭的警察和平民证人的时间。Stephen（1998）报告说，1996/97 年，"失常审判"占苏格兰所有法律援助支出的 32%。

以及在这些法院中，案件终止的阶段的任何变化。该研究还对许多刑事辩护律师和检察官进行了访谈，以确定他们是否察觉到了在采用固定付酬后律师行为上发生的变化。

法律援助数据是有意义的，因为在当时的苏格兰法律援助制度中，只有在答辩阶段提出无罪答辩时才能获得全部法律援助。[8]认罪的被告只有权通过代理或者咨询和帮助的方式获得咨询，这花费的时间很少，为有关律师带来的报酬很少。因此，如果被告在答辩阶段作出无罪答辩并获得法律援助的比例增加，得到法律援助的案件比例就有可能增加。Stephen、Fazio 和 Tata（2008）将此称为数量效应（volume effect）。[9]

如果正如 Stephen（2001）所预测的那样，辩护事务律师也会减少他们在法律援助案件中的职业投入，以回应较低的费用，这也会导致案件在获得法律援助后进入法院系统的较早阶段被终止。因此，在引进固定付酬后，在中间阶段或者没有引入证据的审判阶段终止的案件比例的增长，可以作为引入固定付酬后，事务律师案件管理发生变化的指标。如 Fenn, Gray 和 Rickman（2007）所言，这种行为上的变化将构成固定价格效应。

由于苏格兰只引入了一种固定收费水平，而英格兰和威尔士引入了三种标准收费水平，因此不可能出现 Fenn、Gray 和 Rickman（2007）对英格兰和威尔士提出的门槛效应假设。鉴于一些活动，如庭前证人陈述存录，[10]在新的制度先并入了固定收费，而在旧的制度中，这要单独付酬。这样，就有可

---

〔8〕　除此之外，还以案件是非曲直和经济状况也符合标准为条件。

〔9〕　这种效应在英国法律援助制度下是不可能实现的，因为根据英国法律援助制度，认罪的被告都有资格获得法律援助。

〔10〕　参见前述脚注5。

能产生转换效应，即辩护事务律师将减少他们现在不得不从固定费用中支付的证人预审的使用。因此，如果辩护事务律师的经济利益对案件管理产生影响，那么在苏格兰引入固定收费将产生固定价格效应、开关效应和数量效应。

Stephen, Fazio 和 Tata（2008）报告了对 1990/91 年至 2001/03 年间 49 个苏格兰郡简易法院的简易案件使用双向固定效应模式进行的面板数据分析（panel data analysis）。采用的回归方法考虑了地方法院文化，即考虑到了每个治安法院的固定效应，还考虑到了苏格兰刑事诉讼程序的变化，即规定中间阶段是强制性的。这些答辩阶段后、审判阶段前的审前听证，在该阶段就证据达成协议，在双方就证人证言达成一致的情况下，不再要求被传唤的证人出庭。在中间阶段或者证据引入前的审判阶段，有罪答辩可以改为无罪答辩（无论针对的是原始的还是修正后的指控）。因此，在答辩阶段、中间阶段、引入证据前或者引入证据后的审判阶段，案件都可能终止。

回归分析显示，在引入固定付酬后，在答辩阶段作出有罪答辩的案件比例在统计上有了显著的减少，这表明了采用固定付酬后的数量效应。Stephen 和 Tata（2007）提出了数量效应的进一步证据。该报告的附录 B 提供了关于每个简易郡法院在引入固定付酬前后的五年时间内法律援助案件数量的面板数据分析。结果显示，在引入固定付酬后，获批法律援助的案件比例在统计上有显著上升。Stephen 和 Tata（2007）对事务律师的访谈也证实了数量效应。据广泛报道，许多较大的律师事务所通过增加承办案件的数量来适应固定付酬。一名辩护事务律师评论说：

现在的情况是，越来越多的律师事务所开始追逐并专注于这个业务，像绞肉机一样把它们搅个不停。还有一些执业者，他们没有很多刑事业务，实际上他们已经放弃了他们过去所做的业务。（对辩护事务律师的当面访谈，quoted by Stephen and Tata, 2007, p. 29）

另一个人补充说：

你做的越多，律师事务所就越有效率，因此你在处理固定费用时就越经济。是的。所以你有的案件越多，固定费用就越有吸引力，因为你可能在那里来十次每次五分钟的出庭，一天结束的时候你就能取得十笔固定费用。（对辩护事务律师的当面访谈，quoted by Stephen and Tata, 2007, p. 29）

Stephen（2001）所预测的专业律师事务所的反应和非专业律师事务所的反应上的差异，被 Stephen 和 Tata（2007）的附录 B 中对给律师事务所的法律援助付酬进行的分析所证实，该分析表明，在引入固定付酬后，简易法律援助案件量排前 1/4 的律师事务所在这类案件上数量上有大幅显著增长。在引入固定费用后的第二年，中间两个 1/4 的公司有小幅统计上的显著增长。在最后 1/4 的律师事务所在数量上没有统计上的显著变化。每一种证据来源都与它们的数量效应相一致，尤其是对专业法律援助律师事务所而言。

Stephen、Fazio 和 Tata（2008）分析的法庭数据也显示，在中间阶段和引入证据之前的审判阶段终止的案件的比例在统计上有显著的增长，表明了固定价格效应。Stephen 和 Tata（2007）报告的与辩护事务律师和检察官的访谈证实了统计分析的推论。一名辩护事务律师说（p. 64），"固定收费最经济的用途就是就所有人进行无罪答辩，申请法律援助，获得法律援助，然后在中间阶段所有人都认罪"。另一个人解释说：

> 你更渴望解决掉案件。这将在中间阶段解决，而不是在审判阶段才解决它，因为在审判阶段解决它没有经济上的好处，即使在进入审判有法律上的好处。因此，如果能够解决，最好是在中间阶段解决，而不是在审判中途或者一个小时或者半个小时审判后或者审判的早晨才解决掉。（对辩护事务律师的电话访谈，quoted by Stephen and Tata, 2007, p. 64）

虽然大多数辩护事务律师不承认由于采用固定付酬而改变了他们的答辩方式，但是其中许多人注意到其他辩护事务律师也这样做了。认为其他人已经改变了答辩方式的人数是承认自己改变了答辩方式的人数的三倍。许多受访者认为，事务律师让委托人在答辩阶段进行无罪答辩，然后在中间阶段或者审判阶段改为有罪答辩，这在经济上是有意义的（pp. 66-7）。这进一步表明，发生了固定价格效应。

最后，就固定价格效应而言，Stephen 和 Tata（2007）通过对律师的访谈发现，"委托人关怀"有所减少。当被问及委托人关怀是否因固定付酬而有所改变时，一名辩护事务律师回答说：

> 减少了，我想这是毫无疑问的。要想做简易程序案件，你必须有很大的数量，否则就没有利润。如果你的量很大，显然你管理起来更容易，但是通常接触将可能减少到两三次会见，正常情况下是两次。第一次是首次咨询，他们也许带着起诉书找到你，你接受他们的指示，填写法律援助表单。此后的唯一接触通常会是在办公室，我将拿到陈述或者证据概要。我写信给他们，问他们是否可以和我约个时间讨论这个问题，并接受

他们的进一步指示。所以通常情况下，那是我和他们唯一的接触，除非他们拼命给办公室打电话预约和我谈话。（对辩护事务律师的电话访谈，reported by Stephen and Tata, 2007, p. 36）

一些律师认为，委托人没有得到应有的关照。就像一个人说的那样，"坦率地说，这没什么区别，我怀疑坐在这里和你交谈的任何人都会说这没什么区别。但是在现实中，我确信它会有区别"（p. 38）。而另一个人评论说，"如果一个可能被关进监狱、生活可能被毁的人，需要我半小时的时间，那么他们将得到我的三分钟时间"（p. 178）。其他人则在回答时给出了一些细节（see further Stephen and Tata, 2007, pp. 37 and 178）。

Stephen 和 Tata（2007）以及 Stephen、Fazio 和 Tata（2008）给出的在引入固定付酬后存在的固定价格效应的证据，是非常全面的。

Fenn、Gray 和 Rickman（2007）发现的开关效应，包括律师使用的混合投入的变化，即减少那些以前可以取酬但是合同更改后被标准或者固定付酬所涵盖的投入，增加在固定付酬之外付款的投入。当固定付酬引入苏格兰时，法律援助事务律师就不再需要详细记录固定付酬案件的费用支出情况。因此，Stephen 和 Tata（2007）不可能对这些事项进行直接比较：固定付酬前后的信件撰写、举行的会面或者进行的证人预审。他们不得不依靠事务律师在访谈时自报的行为或者检察官的观察。在对辩护事务律师进行的电话调查中，60% 以上的答复者说，他们减少了对证人的庭前陈述存录，[11] 同样比例的答复者认为，其他辩护事务律师也减少了预审的使用（p. 64）。在采用固定付酬之前，进行证人预审并进行分析，将从法律援助基金获得额外的收入，但是在采用固定付酬之

---

〔11〕 See Stephen and Tata（2007, pp. 39–40）.

后则为固定付酬所涵盖。辩护律师减少了他们预审辩护证人的频率，以增加其业务盈利能力，这在 Stephen 和 Tata（2007, pp.41,42）与事务律师的电话和面对面的面谈中得到了证实（2007, pp. 41, 42）。一位面对面的受访者甚至说：

> 有一些律师曾经亲自就案件对证人进行预审，但是我怀疑原因有两方面。第一，他们这样能很早就知道证据是什么。第二，他们这样做将得到更多的报酬。如果他们没有别的事可做，我认为这很可悲，但是如果他们没有别的事可做，我可以理解为什么他们会去对证人进行预审，但是我无法想象在一个固定费用的案件中任何事务律师会去预审证人。那没有任何经济意义。他们中的一些人所做的是向委托人发出调查问卷，并且完全依赖从调查中得到的反馈，而不采取进一步的措施。（p. 42）

受访者明确表示，在简易案件中引入固定付酬后，他们在对证人进行预审时，会更有选择性："……这不是一个自动的过程，以前可能是这样的。你就要对什么样的证人进行预审，有了更多的选择性"（defence solicitor, p. 43）。另一个人坦率地说，"公平地说，当你流水作业时，你可能不会像我们现在这样仔细地考虑对证人进行预审时需要做什么"（defence solicitor, p. 43）。另一个人则说，"我认为这是一个普遍的趋势，一个人会更仔细地审视哪些证人需要预审，一个人会更频繁地检察官交谈，以填补背景空白或者常规证据的问题"（defence solicitor, p. 43）。还有一个人特别提出了选择性的问题，"我们过去会在有报酬的情况下在简易案件中进行预审，但是现在我们往往不这样做了，除非是我们认为属于特别需要的情况，我们在进行证人预审时更有选择性"（p. 43）。

许多受访律师提出，人们普遍认为，在固定付酬案件中，一些辩护律师事务所不再预审任何证人（Stephen and Tata, 2007, p. 45）。确实，许多事务律师担心，"没有动力继续对证人刨根问底，因为你所做的一切都是在削减微薄的利润"（p. 45）；另一个人说，"我不做更多的工作，我也不认为我做了更少的工作，我仅仅是没有进行我将会与检察官谈到的证人预审"（p. 45）；其他人（p. 46）非常明确地说明了他们为何不再预审检控方证人的理由：

就固定收费的简易案件而言，一般情况下，你会指示一个证人预审代理人从平民那里取得陈述，一般来说，你会得到向警察陈述的副本，现在仍然是这样。现在一些律师事务所仍然指示证人预审代理人，很多律师事务所不这么做了。我在固定费用的基础上做了前4个案件，从证人预审代理人那里得到了4张账单，然后说"好吧，我不再做那个了"。所以我停止了。（p. 46）

一些地方代理检察官（公共检察官）评论了自引入固定付酬以来，以披露请求代替预审证人的做法（Stephen and Tata, 2007, pp. 46, 47），以及随之将辩护费用转嫁给检控方的做法。

自引入固定付酬以来，在简易案件中代表辩护方预审证人的数量有所减少，在某些情况下完全消除了预审证人，这清楚地证明了开关效应。Stephen 和 Tata（2007）还证明，在引入固定付酬后，要求专业法律援助律师提供咨询和帮助的案件增加了（pp. 30-32）。对与律师的访谈证实，在引入固定付酬之前，当委托人随后获得法律援助时，他们并不总是根据咨询和帮助计划申请付酬，但是在引入固定付酬之后，他们却孜孜不倦地这样做（p. 30）。这是一个有争议的问题，即这是否又是一个开关效应的例子，因为它并不代表辩护事务律师提供的服务发生了变化，只是他们要求现在付酬，他们就此总是有资格主张但是并没有总是提出主张。

Stephen 和 Tata（2007）以及 Stephen、Fazio 和 Tata（2008）报告的统计和访谈证据，证明了明确的固定价格、数量和开关效应，这些是就苏格兰简易郡法院的案件引入固定付酬方法的结果。这些效应与这一点是一致的，即律师的行为受自身金钱利益而不仅仅是其委托人的利益的影响。

从引入标准和固定付酬中可以得出的结论

上述关于在英格兰和威尔士治安法院引入标准付酬和在苏格兰郡法院建议案件中引入固定付酬后，辩护律师的行为变化的证据，清楚地证明了合同变化后发生的所谓固定价格效应、开关效应和数量效应。这有力地证明，对于一些律师来说，他们自身的经济利益对他们向委托人提供辩护服务的方式产生了影响。这都是非常有力的，因为它涉及刑事案件，有罪判决的结果可能是一笔巨额罚款或者一段相当长的监禁期。然而，必须强调的是，以上讨论的研究证据并不一定意味着合同变更后提供的服务是不够的，而仅仅意味着它们发生了变化，这是为了保护律师的经济利益。很有可能的情况是，在合同变更之前提供的帮助多于保护委托人的利益所必需的帮助。就本章而言，需要得出的结论是，有关律师的行为对他们自己的金钱利益很敏感。

自我规制者的行为

本章的前一部分提出的实证证据，与个体律师的受到其所面临的激励的影响的行为是一致的。有人可能会说，即使如此，自我规制组织在整体上也会约束这样的行为，即强调律师个体对其委托人和更为一般的社会的职责。在本章这一部分，我们的注意力转移到关于自我规制组织行为的案例研究上。

第一部分审视了英格兰和威尔士事务律师协会运作了多年的投诉制度。这一制度饱受法律服务消费者和他们的权益保护组织的批评，是 David Clementi 爵士在审查英格兰和威尔士法律服务的规制时所审视的律师规制领域之一。根据 David 爵士的建议并且 2007 年《法律服务法》建立了一个投诉制度，该制度在很大程度上独立于事务律师协会和事务律师协会规制机构。案例研究中有一个著名的案件，在该案中，事务律师协会未能足够地回应事务律师职业中的一个资深人士提出的投诉。

第二部分就两个计划的评估进行了讨论，这两个计划是在苏格兰事务律师协会的控制下在苏格兰进行的，表面看来是为了保护委托人不受事务律师不称职的或者欺诈性行为的侵害：总保险单和保证基金。我们将看到，苏格兰事务律师协会关于总保险单的修辞可以被解释为在就保险目的误导委托人。关于保证基金的研究提供的实证证据与这样的观点是一致的：向该基金索赔的结果可能受到索赔本身的是非曲直之外的因素的影响——特别是在提出索赔的年份向该基金提出的全部索赔的总额。第二个案例研究也表明，自我规制组织并不总是将委托人的利益置于职业的利益之上。

事务律师协会就委托人对事务律师的投诉所进行的处理

在第三章，有人提出律师的许多委托人因为信息不对称而受到伤害，因为他们必须依赖法律服务的供给者来为他们界定他们需要什么样的服务（代理职能），而同样的供给者还将是提供服务的人（服务职能）并就此得到报酬。一些论者提出，这导致了所谓的供给者诱导的需求。所称的规制（实际上是自我规制）的好处之一，就是职业组织制定的道德、做法和指引将约束该职业的成员，避免利用这种信息不对称。

职业人员和自我规制组织确保职业人员和委托人之间的信息不对称不被利用的方式之一，就是建立投诉制度。在这种制度中，由那些并没有受到信息不对称侵害的人对那些对职业成员提供服务感到不满（包括对成本感到不满）的委托人进行调查。这一部分将讨论在过去25年以来英格兰和威尔士事务律师协会运作的投诉制度的情况。我们将看到，大多数论者认定，这一制度运行中的各种版本是完全不足的。政策制定者同意这一观点，以至于David Clementi爵士建议，将事务律师投诉制度从事务律师协会的管理中拿出来，重新建立一个完全在法律服务理事会规制下的完全独立的制度。David勋爵的这一建议被完全纳入了2007年《法律服务法》。

近几十年来，事务律师协会运作的处理委托人投诉的制度，经历了许多形式。通过著名的Glanville Davies事件来看看20世纪90年代之前运行的投诉制度所启示的。在当时，在英格兰和威尔士，对事务律师的投诉是由事务律师协会职业目的委员会来处理的。Cohen（1986/87）就Glanville Davies案件进行了详细的独立讨论。[12]下列该案件的事实主要依据的是Cohen（1986/87）的描述。

1970年，Leslie Parsons委托了事务律师Glanville Davies对一家公司提起诉讼，该公司使用了Parsons持有专利权的机器。诉讼（从1975年开始听证）的结果是，1976年，Davies先生在法院和解中为Parsons先生取得了400 000英镑的损害

---

〔12〕 在撰写这篇论文的时候，Harry Cohen是阿拉巴马大学法学院的Marc Ray Clement教授。

赔偿，就其在合资公司中的股份，追回了 130 000 英镑的损害赔偿。Davies 先生向 Parsons 先生提出收费 197 000 英镑，Parsons 先生向事务律师协会提出了一系列投诉，尤其是诉称 Davies 先生在处理事务时不称职并且多收费。需要指出的是，这个时候 Davies 先生是事务律师协会的治理单位即理事会的成员。

事务律师协会在处理 Parsons 先生的投诉时是有问题的，甚至不承认他有提出投诉的任何根据。最后，Parsons 先生对 Davies 先生提起了民事诉讼。McCowan 大法官的判决将 Davies 先生的律师费从 197 000 英镑减少到 67 000 英镑。差不多一年后，Davies 先生从事务律师名册中被除名，被剥夺了执业权。[13] Glanville Davies 事件成了对事务律师协会的批评的参照点，这不仅是因为它对受到事务律师侵害的委托人的态度，也是因为它对除了少数有影响力的人之外的人的反应迟钝。Cohen（1986/87）报告说，许多地方性的事务律师也提出了批评。Cohen 自己严厉地批评了事务律师协会对该事件进行调查时的态度，他评论说："即使在事务律师协会悔悟而对其有利的时候……他们仍然在努力为该组织进行洗脱和辩护。"在几乎 30 年后，Kamlesh Bahl——事务律师协会前副主席，事务律师协会体制的批评者——在其就《法律服务法案》草案向上议院和下议院联合委员会作证时，还更为一般性地提到了 Glanville Davies 事件和事务律师协会的态度。[14]

Glanville Davies 事件的结果是，事务律师协会将其投诉和惩戒职能与其代表职能进行了隔离。它创建了事务律师投

---

[13]　See Cohen（1986/87, p. 52）and Abel（2005b, p. 255）.

[14]　参见 Kamlesh Bahl 向《法律服务法案》起草联合委员会提供的书面证言（2006b, p. 269）。

诉局，该局最后成了事务律师监督办公室（OSS）。[15]这些都在事务律师协会的一个委员会领导下运转，但是与事务律师协会没有设立在一起。如果在调查后，事务律师监督办公室认定存在严重违反职业规则的行为，案件将移送1974年成立的事务律师惩戒裁判庭。消费者权益保护组织就事务律师监督办公室的运作提出了许多不利的报告，特别是在处理投诉的拖延方面，有很大一部分投诉被积压下来。事务律师协会本身就事务律师监督办公室的运作启动了一项研究。这一研究的第二个报告（Moorhead, Sherr and Rogers）有两个主要的研究结果：

首先，该办公室完全被重大拖延压垮了。这严重破坏了该组织的整个绩效。第二个研究结果是拙劣的管理。在拖延和拙劣的管理是其自己最严重的两个问题的情况下，委托人关照标准的守护者就不能令人肃然起敬。

作者在就其研究进行总结时得出结论说：

这些研究结果就该办公室当前组织和管理投诉调查的足够能力表示怀疑。有充分理由对该组织内的管理模式和办理案件的方式表示关切。

显然，到了2004年David Clementi爵士作出报告时，情况并没有足够地改观。他说，导致其作出报告的重要关切之一是"当前的投诉制度"。在David爵士作出报告（Clementi, 2004）时，事务律师监督办公室已经分立为消费者投诉处（负责消费者投诉）和合规理事会（负责事务律师惩戒）。事务律

---

[15] Sherr and Webley（1997）.

师的委托人如果要投诉，首先需要将投诉提交至有关律师事务所，只有在投诉没有得到满意解决的情况下，他们才能够将投诉提交至消费者投诉理事会。事务律师所在的律师事务所需要建立其自己内部的投诉制度。David 爵士报告说，消费者投诉理事会将投诉分为三类：关于职业服务不足够的投诉，这包括诸如没有执行委托人的指示，或者允许不合理的拖延；职业不端行为，例如违反对委托人的保密义务，或者未能在到期时向委托人支付款项；职业过失行为。根据当时的规制，如果职业服务不足够，则经证明，可以判赔高达5000 英镑的赔偿；如果职业不端行为并不涉及职业服务不足够，则不能判赔，如果很严重（无论是否涉及职业服务不足够），该投诉可以移送事务律师惩戒裁判庭；过失问题则由事务律师职业过失保险商和民事法院最终确定，不能由事务律师协会来处理。

从 1990 年开始，政府还任命了一个法律服务专员。法律服务专员的职权范围涵盖法律服务领域所有自我规制性组织运行的投诉制度。法律服务专员不能是律师。如果投诉人对于自我规制性投诉程序的处理感到不满，可以将投诉移送给法律服务专员。法律服务专员有权命令规制者或者律师事务所向投诉者支付赔偿，也可以命令自我规制者调查投诉。法律服务专员还可以就自我规制者的投诉制度提出建议。[16]法律服务专员的连续年度报告引起了人们对事务律师监督办公室和消费者投诉理事会提供的服务的拖延情况和质量的关注。

Clementi（2004）指出，消费者和其他人尤其对事务律师协会运行的投诉制度持续缺乏满意度。他还指出，他所得

〔16〕 在 2005 年年初，政府根据 1999 年《近用司法法》委任当时的法律服务专员（LSO）为法律服务投诉专员，他有权为职业自我规制者的投诉制度设定目标。

到的一些意见让人能够感到法律职业的投诉制度缺乏独立性，这破坏了公众的信心。David 爵士的结论是，"我并不认为当前的制度能够足够独立于律师，它也不能提供适当的一致性和清晰性"（Clementi, 2004, p. 63）。

Clementi 报告（2004）建议建立独立的法律投诉办公室，来处理委托人对所有提供法律服务的人提出的投诉。法律投诉办公室应当有权要求职业人员进行赔偿。如果在其调查期间，法律投诉办公室认为存在职业不端行为，它应当有权将投诉的这一部分移送自我规制组织并建议采取惩戒行动。法律服务投诉办公室将受到法律服务理事会的监督，该报告中也建议成立该理事会。Clementi 报告中关于建立涵盖法律服务领域内的所有职业的投诉制度的建议，尽管出庭律师公会（出庭律师的规制者）提出异议说当前制度的主要失灵完全属于事务律师职业，但该建议还是被纳入到了 2007 年《法律服务法》。[17]

苏格兰事务律师协会关于其主保险和保证基金的运作

苏格兰事务律师协会运营了两个计划，它宣称这是为了保护事务律师的委托人：主保险（为苏格兰的所有事务律师提供职业赔偿保险）和保证基金（其目的是对因苏格兰事务律师的不诚实行为遭受经济损失的人进行赔偿）。苏格兰法律投诉委员会[18]在回应"哪一个（Which）？"和公平交易局就

---

[17] See Clementi（2004, pp. 58, 59）and Joint Committee on the Draft Legal Services Bill（2006b, p. 57）.

[18] 由于消费者和消费者权益保护团体对苏格兰事务律师协会的投诉制度表示不满，根据 2007 年《法律职业和法律援助（苏格兰）法》，SLCC 于 2008 年成立。SLCC 的角色是"为针对在苏格兰执业的法律执业者的投诉提供单一途径，以迅速有效地解决投诉"（SLCC website at: http://www. scottishlegalcomplaints.com/about-the-slcc.aspx）。在其成立的第一个年头里，SLCC 致力于对总保单和担保基金进行调查。

主保险和保证基金表达的公众关切时，启动了一项由 Frank Stephen 和 Angela Melville（Stephen and Melville, 2009）进行的研究。该研究之后，还有对保证基金的统计分析（Stephen, 2011）。这两个研究表明，苏格兰事务律师协会向事务律师的委托人夸大了他们能够从这两个计划所获得的保护。第二个研究提出的证据，与这样的观点是一致的，即向保证基金提出的索赔的结果受到了案件的是非曲直之外因素的影响。

主保险源于 1980 年《事务律师（苏格兰）法》44（1）规定的义务，并遵照了 1995 年《事务律师（苏格兰）职业赔偿保险规则》。根据该规则，苏格兰事务律师协会需要保持有职业赔偿保险安排。1980 年《事务律师（苏格兰）法》明确规定，职业赔偿保险安排的目的，是"就任何职业赔偿，为事务律师、公司化执业机构和前事务律师提供赔偿"（第 44 条，第 1 部分）。苏格兰事务律师协会选择通过与一家保险经纪人公司就"主保险"谈判，来履行该义务。在主保险涵盖之下，是苏格兰事务律师执业的一个条件。

Stephen 和 Melville（2009）报告了与事务律师和不满意的索赔人就其对主保险的期待进行的访谈。事务律师常常将主保险视为职业赔偿保险（相当正确），尽管一些人确实批评说它偏向了索赔人的利益。另一方面，许多对主保险提出索赔但被久拖不决的索赔人，就对他们的索赔的处理很不满意。他们提出事务律师协会及其保险委员会的反应很慢，其他事务律师不愿意代理他们对事务律师提出的索赔。

对主保险提出索赔的索赔者面临的主要问题是，他们不仅需要证明事务律师的行为和他们的损失之间存在因果关系，而且需要证明事务律师存在过失。此外，他们首先必须根据苏格兰侵权法对事务律师采取行动，以此减轻他们的损失。

Stephen 和 Melville（2009）的结论是，在主保险的目的是什么的问题上，存在期待上的分歧：索赔人有一个看法，而事务律师/苏格兰事务律师协会则有另外一个看法。前者将主保险视为保护委托人免遭不称职事务律师侵害的工具，后者则将其视为保护受到索赔的事务律师的职业赔偿保险。作者的结论是，这些观念之所以发生冲突，根源在于苏格兰事务律师协会就主保险所使用的措辞。在公开陈述中，苏格兰律师协会强调主保险扮演着"公共保护角色"。Stephen 和 Melville（2009, p.40）的结论是，"也许更为准确地说，保单所保的是那些得到证明的索赔将能够获得赔偿"。Stephen 和 Melville（2009）还就苏格兰事务律师协会的措辞与加拿大律师协会为其会员运作的职业赔偿保险 LAWPRO 的措辞进行了比较。在这里，该计划被明确描述为是为律师举办的职业赔偿保险计划，并没有提到要保护委托人。

保证基金是苏格兰所有事务律师出资设立的作为最后诉诸手段的裁量性基金。它的存在，是为了赔偿因事务律师的不诚实行为而遭受经济损失的事务律师委托人。Stephen 和 Melville（2009）的结论是，虑及该基金的裁量性质，使用"保证基金"这一术语，激起了索赔人的期待。使用该基金要求索赔人穷尽了所有其他挽回损失的手段。对该基金失望的索赔人，多年来一直认为，苏格兰事务律师协会保证基金委员会作出的决定——对此不能上诉——受到了苏格兰事务律师协会及其会员的不当影响。

在 Stephen 和 Melville（2009）之后，苏格兰法律投诉委员会启动了进一步的研究，分析苏格兰事务律师协会提供的数据。对该数据进行分析的结果被记录在 Stephen（2011）的报告中。Frank Stephen 被允许使用记录所有索赔详细情况的索赔电子登记簿。登记簿中记录的数据包括收到索赔的日期、索赔的数额、索赔的利息、索赔的耗费、认可的数额、认可的利息、认可的耗费、作出决定的时间、所涉及的事务律师事务所的代码、该律师事务所的合伙人的数量、司法财产保管人的姓名、扣押中的受托人的姓名、索赔是否撤回或者放弃。这些数据使得能够就许多绩效变量进行计算，例如认可的索赔额的比例、索赔和解花费的时间、索赔是否被驳回或者认可。它们还使得可以对许多与索赔的具体细节有关的变量进行解释，例如所涉及的事务律师事务所、提出索赔的年度、是否涉及司法财产保管人、索赔的总额（包括利息和耗费）。从这些数据中得出的第三组变量不仅与个案有关，而且与收到索赔时保证基金的特定情况有关。这些包括每个日历年度收到的索赔的全部数量、每个日历年度收到的索赔的总额、该日历年度支付的全部索赔的总额。

Stephen（2011）就绩效变量与索赔和保证基金的特定情况之间的关系进行了统计学估计。这一方法的基本逻辑是，如果索赔的结果完全是由其"是非曲直"决定的，尽管绩效变量会与一个或者几个索赔特点变量有关，它不会与索赔年度保证基金的特点有关。如果结果与保证基金的特点有关，这将表明苏格兰事务律师协会及其会员的利益影响了索赔的结果。

Stephen（2011）采用的基本估算战略是将数据视为面板数据，索赔所牵涉的事务律师事务所构成了观察组。这么做是为了考虑与同一事务所有关的许多观察产生的估算错误之间的相互关系。例如，如果涉及特定事务律师事务所的事务律师的索赔被认可了，另一个涉及同一事务律师事务所的索赔的概率就可能更高。估算也考虑到了这样的可能性，即处理索赔的方式因为员工多少等因素而随时间有所变化。这样在每个回归分析中考虑了时间趋势解释变量。

Stephen（2011）报告了三套回归分析：在第一个回归分

析中，因变量是赔付数额与总索赔金额之比；在第二个回归分析中，因变量是自收到索赔要求之日起至索赔要求得到解决之日止的天数的自然对数；在第三个回归分析中，因变量是哑变量，如果申请被拒绝，它的值为1，如果赔付金额支付为正，它的值为0。从一般的到特定的格式对回归进行了测试。结果如下：第一，赔付金额与时间哑变量呈正相关，与收到索赔要求的年度索赔总额呈负相关；第二，解决的天数的对数与索赔总额（包括利息和费用）的自然对数和收到索偿要求的日历年内从该基金支付的所有赔付总额的对数呈正相关；[19] 第三，一项索赔要求被拒绝的可能性与收到该索赔要求的年度内提出的索赔总额呈正相关。因此，以不同方式衡量的索赔结果似乎与基金在收到索赔时的特点有关，因此结果可能不是仅仅根据索赔的是非曲直来确定的。

这两项苏格兰的研究表明：首先，在苏格兰，事务律师的自我规制者（苏格兰事务律师协会）通过其主保险向事务律师的委托人提供的保护，并不像规制者过去宣称的那样有力；其次，统计证据与苏格兰事务律师协会担保基金的管理方式是一致的，该基金的管理方式考虑的是事务律师协会及其成员的利益，而不仅仅是对其索赔的是非曲直。特别是后一种结果表明，不能假设法律职业成员的自我规制者的运作完全是为了公共利益，而不会受其规制对象的利益的影响。

从关于规制者的证据可以得出的结论

本章前面的各小节提供了两个司法辖区的案例研究，说明不能依靠法律职业人员的自我规制者来保护这些职业人员

---

[19] 在第二个回归中，登记册上缺少了一些日期，使可用的观察值从246个减少到155个。因此，Stephen（2011）提出，与其他两个结果相比，应该认为这个结果更不可靠。

的委托人免受职业人员提供的不足的职业服务或者欺诈行为。证据表明，自我规制者有一种倾向，以这种方式运作这种制度，即有利于职业的利益，而不利于法律服务消费者的利益。

小结与结论

第二章对职业人员自我规制提出了不同的看法。所审视的经济学家的观点表明，存在这样的危险：自我规制团体可能会更偏向于职业及其成员的利益，而不是消费者或者更广泛的社会的利益。本章研究了有关律师及其自我规制者行为的证据，这些证据与下述观点是一致的：在某些情况下，各个律师及其自我规制团体的行为方式都表明，他们自身的利益高于委托人的利益。这表明，在第三章所讨论的经济学文献中，对职业自我规制团体的怀疑是有根据的。

第二部分

英国和欧洲法律市场的放宽规制

第一部分证明，一个法律服务市场的自我规制制度，可能是为了促进法律职业成员的利益而运作的，第二部分讨论了自20世纪80年代中期以来，在英国和各个欧洲司法辖区发生的规制制度的自由化过程。第五章概述了法律服务市场规制自由化的方式，首先是在英国的司法辖区，然后是在许多欧洲司法辖区。第六章着眼于自由化进程的影响的证据，特别是在英国的司法辖区。该章大量借鉴了作者自己的实证研究。

第五章　英国和欧盟司法辖区法律市场的自由化

在本书的第一部分中，有人认为，虽然有明确的理由说明法律服务市场应该受到一定程度的规制，[1]我们也有理由对那些为了法律职业及其成员的利益而规制律师行为的自我规制团体持谨慎态度。[2]本章审视了许多欧洲司法辖区的政策是如何朝着自由化的方向发展的。在某种程度上，英国司法辖区在这方面走在了前面，但是欧盟司法辖区也在朝着这个方向前进，尤其是在《里斯本条约》（Treaty of Lisbon）和法律职业的自由流动扩展之后。本章一开始，先讨论在英国的司法辖区发生的自由化，然后转向其他选定的欧盟司法辖区。下一章将审视关于自由化影响的证据，尤其是在英国。在本章中，我们将讨论许多欧洲司法辖区的规制改革的大致方向。虽然欧洲法律职业规制体制的演变与竞争政策是同一方向的，但是有时是并行的，而不是一致的。在不同的司法辖区，竞争政策和职业规制政策都有不同的出发点，它们的发展速度也有所不同。例如，德国和英国的竞争政策体制在第二次世界大战刚结束时就明确

---

〔1〕　由于非经常购买者的信息不对称。

〔2〕　就像第四章所说明的那样。

81

确立了，[3] 但是在欧洲其他司法辖区，这花了更长的时间才建立起来（Neumann, 2001）。

英国司法辖区

联合王国有三个司法辖区：苏格兰、北爱尔兰，以及英格兰和威尔士。关于法律专业和法律服务市场规制的公共政策和立法，由北爱尔兰和苏格兰的权力下放的（devolved）议会确定。尽管对威尔士来说，许多权力已经移交给威尔士议会，但是这些权力并不包括那些与法律服务和法律职业相关的权力。威尔士也不是一个独立的司法辖区，英格兰和威尔士的司法辖区合并了。然而，授予威尔士议会主要立法权，很可能导致威尔士成为一个独立的司法辖区。这些变化还没有影响对威尔士法律职业或者法律服务市场的规制。这三个司法辖区的人口规模和律师人数都具有较大差异。[4] 英国的竞争政策由英国政府管辖，有关竞争事务的立法一般是英国议会的特权。

---

[3] 然而，应该指出的是，德国和英国竞争政策体制的哲学基础是相当不同的。就德国而言，二战后，它以奥尔多自由主义为基础，而在英国，它越来越以促进竞争的务实方式为基础。直到最近，英国的做法才给了部门们广泛的政治自由裁量权来界定"公共利益"。然而，对限制性做法的处理更加以遵守法律的方式进行；see Neumann（2001，pp. 37 ff.），Clarke, Davies and Driffield（1998, Chapter 2）and Scott（2009），他们关于竞争政策的结论是："……可以这样说，一项有效政策的关键决定因素是对受规制的开放市场价值的意识形态忠信，以确保不会有市场力量的发展和利用。在英国，这种忠信有一定的历史。然而，就政策的一致性和制度的适宜性而言，直到最近才进行了彻底和全面的评估，并进行了改革"（p. 25）。就欧共体/欧盟竞争政策的影响，see Liza Lovdahl Gormsen（2007）.

[4] 在2011年人口普查时，英格兰和威尔士有5620万人，有87973名事务律师（2011年7月31日）和12674名出庭律师（2011年9月30日）在自雇执业。在2011年人口普查时，苏格兰有530万人口，有7627名事务律师在私人执业（2012年10月31日），还有460名诉辩律师协会成员在自雇执业。在2011年人口普查时，北爱尔兰人口为70万，有2300名事务律师和580名自雇出庭律师。

从历史上看，英国三个司法辖区的法律职业都有着相似的外貌特征。但是通过更仔细的研究发现，它们之间存在微妙的差异，其中一些差异对法律服务市场的竞争具有重大影响。在这三个司法辖区中，有两种主要的法律职业：一种是事务律师，他们提供法律咨询，承担诉讼，有权为委托人起草某些文件，并在某些下级法院享有出庭发言权；在这三个司法辖区，还有一种是也充当（事务律师的）法律顾问的法院诉辩人。在苏格兰，这些人被称为诉辩律师，而在其他两个司法辖区，他们被称为出庭律师。传统上，诉辩律师和出庭律师并不直接与最终委托人打交道，而是从委托人的事务律师那里接受指示。三个司法辖区的这些职业在起源、传统和历史演变方面各不相同，因此其现代表现形式也有一定的差异。[5] 英国三个司法辖区之间的一个不同之处在于，与英格兰、威尔士和北爱尔兰的事务律师相比，苏格兰的事务律师传统上享有在高等法院出庭发言的权利，这一点与本文的讨论有关。这样的后果是，在苏格兰，诉辩律师与事务律师

---

〔5〕 应该指出的是，现在的联合王国是在过去 400 年左右的时间里由几个独立的国家演变而来的。威尔士和爱尔兰都被英格兰征服并吞。大不列颠及爱尔兰联合王国由英格兰和苏格兰议会于 1706 年通过的《联合法》建立。根据《联合法》，苏格兰的法律、教育和宗教制度被保证独立于英格兰、威尔士和爱尔兰。在 1916 年复活节起义和随后的爱尔兰内战之后，爱尔兰岛被分割成六个北部郡，剩下的部分属于大不列颠及北爱尔兰联合王国，其余 27 郡成为爱尔兰自由州，最终成为爱尔兰共和国。近年来，立法权从威斯敏斯特的英国议会下放到北爱尔兰和威尔士议会，以及在爱丁堡重组的苏格兰议会。根据 1998 年《苏格兰法》，苏格兰议会对英国议会没有保留的所有事务都有管辖权。所有与司法有关的事务，包括法律职业的规制，均属无保留事务；另一方面，所有与竞争政策有关的事宜，均属全英性机构（竞争委员会和公平交易局）管理的保留事项。由于这种双重管辖，有关苏格兰法律市场竞争的政策最终由苏格兰部长负责，他们有与公平交易局和苏格兰司法机构进行磋商的法定职责。有关苏格兰法律服务市场竞争的诉讼由苏格兰法院管辖。就苏格兰诉辩律师协会的起源的更详细的讨论，请参见 Melvill 和 Stephen（2011）及其参考文献。第六章"关于组织形式限制的研究"详细讨论了诉辩律师协会目前的组织形式。

的比率是 1:16.6，比英格兰和威尔士出庭律师与事务律师的比率（1:7）要低得多，即使两个司法辖区的律师在人口中的比例是大体相似的（苏格兰是 1:655，英格兰和威尔士是 1:558）。近年来，在这两个司法辖区，事务律师的出庭发言权已得到扩大，在经验和额外培训方面合格的事务律师，被命名为"事务律师—诉辩者"，在这两个司法辖区的所有法院有出庭发言的权利（见下文的进一步讨论）。

在历史上的大部分时间里，英国司法辖区法律职业人员的权利和职责与传统和法庭礼仪有关。在现代，尽管司法机构的角色在许多方面被保留了下来，但是法律已逐渐使这些习俗正式化。就最近一直存在争议的减少法院在法律职业规制中的角色的立法，在这些立法中，每个司法辖区的法院负责人在这些事务中的最终仲裁者的角色已经被删除，转移给了相关政府的司法部长。[6] 由于存在足够的争议，各个政府接受了对立法草案的修正，即要求部长与有关法院的负责人进行协商。[7]

在习俗和惯例调整法律职业伦理和法庭上的出庭发言权的时期，法律职业两部分的区分在每个司法辖区中得到了巩固，它们的自我规制得到了确立。英格兰和威尔士的出庭律师由律师会馆调整，随后又由出庭律师公会调整。在苏格兰，诉辩律师的行为由诉辩律师协会会长或者诉辩律师协会发布的忠告来调整。在这两个司法辖区，这些规则均须经法院负责人批准。出庭律师和诉辩律师都被禁止与其他出庭律师或者诉辩律师或者其他任何人联合执业；被禁止与他人分享律

---

[6] 分别是：在苏格兰是司法部长，在英格兰和威尔士是大法官和司法部国务大臣。

[7] See Joint Cornrnittee on the Draft Legal Services Bill（2006a, 2006b）and Justice Committee（2010）.

师费；被禁止与委托人直接接触，诉辩律师和出庭律师接受直接与委托人打交道的事务律师的指示。事务律师负责为诉讼起草有关文件，诉辩律师/出庭律师负责在法庭上进行陈述。出庭律师和事务律师都不被允许为他们的服务做广告。在英格兰和威尔士，出庭律师们最终都是在出庭律师办公室中工作的，出庭律师办公室中有许多出庭律师，他们共同承担费用，包括那些负责出庭律师活动管理、出庭律师日志管理和向事务律师收取费用的办事员的费用。北爱尔兰的出庭律师和苏格兰的诉辩律师被称为图书馆职业。执业者在家或者在图书馆工作，在图书馆他们不仅可以查阅相关法律条文和法律报告，还可以与委托他们的事务律师进行磋商。[8]在这三个司法辖区，出庭律师和诉辩律师也以"意见"的形式就复杂或者专业的法律领域向事务律师提供咨询。

这三个司法辖区的事务律师职业都受益于对保留的法律领域的垄断权。直到20世纪90年代，在所有的司法辖区，他们是唯一被允许为获利而进行不动产转让、起草遗嘱、提起诉讼以及在下级法院代理委托人的人。事务律师现在被允许在各种形式的组织单位中执业，但是多年来只被允许通过合伙进行联合执业，并承担无限连带责任。多年来，合伙的规模是有限的。近年来，对合伙的规模没有限制，允许有限责任合伙。直到20世纪80年代初，英国所有司法辖区的事务律师都不得做广告。律师费也受到自我规制团体的规制，非事务律师人员雇用的事务律师，不得向第三方（包括其雇主的委托人/顾客）提供法律建议。

根据 Bailey and Gunn（1996, p. 115），自 1605 年以来，

---

〔8〕 诉辩律师在原苏格兰议会大楼内的诉辩律师图书馆运营。作为英国的法定版权图书馆，它有权接收在英国出版的所有受版权保护的材料，它的成员声称它是世界上最好的法律图书馆。

英格兰和威尔士的事务律师就受到某种制定法规定的规制。自 1831 年起，它们一直由事务律师协会（或者其前身）规制。在 2007 年《法律服务法》颁布之前，事务律师协会既是一个自我规制团体，也是一个代表团体。在苏格兰，直到 20 世纪，事务律师都由当地的检察官协会、事务律师协会或者诉辩律师协会规制和代表。Torrance（2009）报告说：

> ……1922 年建立了一个法律协会联合委员会，采取了一些试探性的步骤，为后来的 1933 年《事务律师（苏格兰）法》游说。

1933 年《事务律师（苏格兰）法》在苏格兰设立了独立的惩戒委员会和事务律师总理事会，由各地的诉辩律师协会代表组成，负责学徒的教育、准入和登录事务。1933 年《事务律师（苏格兰）法》也首次在制定法中提到了"事务律师"一词。

1949 年，制定法[9]创立了苏格兰事务律师协会，接管了总理事会和惩戒委员会的职能。该协会成为苏格兰正式认可的事务律师的代表团体，也是苏格兰所有事务律师的自我规制团体。

这些规制安排在 20 世纪 80 年代初开始受到挑战。较大的两个司法辖区于 20 世纪 70 年代末设立了皇家法律事务委员会。在这两个司法辖区，多数报告都没有呼吁对法律职业成员的规制方式进行重大改变，政府也没有实施任何重大变革。[10]特别是，两个皇家委员会都不建议在其司法辖区内合

---

[9]　这就是 1949 年《法律援助和事务律师（苏格兰）法》。应当指出的是，设立苏格兰事务律师协会的主要目的之一，是组织和管理通过地方法律援助委员会进行的政府资助的法律援助。根据 Torrance（2009），"1949 年《法律援助和事务律师（苏格兰）法》的第 1 条规定，事务律师协会有义务促进法律职业的利益和与该职业相关的公众利益。"

[10]　由 Henry Benson 爵士担任主席的皇家法律事务委员会于 1979 年提出报告。由 Hughes 勋爵担任主席的苏格兰皇家法律事务委员会于 1980 年提出报告。

并这两个分支。然而，在 20 世纪 80 年代初，英国政府转向对法律服务市场的规制。在垄断委员会的报告（1970）和垄断和合并委员会在 1976 年的一系列报告后，政府加大了在法律服务市场产生竞争的压力：推荐性收费标准被撤回，两个司法辖区的事务律师被允许做广告，委托人有权就任何交易的成本获得书面估算。20 世纪 80 年代，特别是在英格兰和威尔士，撒切尔政府采取的一些措施，被一些论者视为对法律职业的公然攻击（see Abel, 2003）。

由此可见，这并不是竞争政策的延伸，而是作为玛格丽特·撒切尔首相的保守党政府政策的一部分，目的是要从根本上减少除中央政府以外的英国所有机构的"权力"，以增加市场经济的角色作用。可以说，这种政策是针对所有的职业、教会、工会、传统新闻界、大学和地方政府的，它们被认为阻碍了市场规则。通过减少它们的影响，市场激励机制将会增强。Brazier 等人（1993）则表达了一种相反的观点，他们认为撒切尔政府的法律职业改革是一个在该政府成立之前就开始的过程的结果。它们是民主化程度提高的结果，是一个不同于各职业、形成了独立于国家的自主权和自我规制的、不那么顺从的社会的结果。导致撒切尔主义诞生的经济危机提供了改革职业的机会，但是民主化、职业意识形态的去神秘化和缺乏顺从的力量已经存在。Abel（2003）详细记录了 20 世纪 80 年代英格兰和威尔士的大法官、Mackay of Clashfem 勋爵和法律职业两个分支之间的"律师之战"。[11]

在此期间，随着 1985 年《司法法》的通过，英格兰和威尔士的事务律师失去了他们在营利性产权转让上的垄断地位，

---

〔11〕　Abel（2005a）提供了对 Abel（2003）的概述。在《国际法律职业期刊》（IJLP, 2004）的特刊中对 Abel（2003）有详细的评述，Abel（2004）对特刊中的批评性评论作出了回应。

而根据 1990 年《法院和法律服务法》，出庭律师也失去了在英格兰和威尔士的高级法院的垄断性的出庭发言权。前者创建了一个准职业，即持照产权转让人，由持照产权转让人委员会规制。因此，产权转让的保留活动成为一个可竞争的市场。[12] 持照产权转让人最初只被授权进行产权转让，但是后来，他们被给予了更广泛的许可，包括撰写遗嘱和执行职责。在苏格兰，根据 1990 年《法律改革（其他规定）（苏格兰）法》，通过立法创造了与持照产权转让人相当的职业，[13] 但是该法的相关部分从未被完全贯彻落实。尽管与英格兰和威尔士的事务律师同行相比，苏格兰的事务律师在高级法院有出庭发言权，但是这并没有扩展到所有的法院。然而，1990 年《法律改革（其他规定）（苏格兰）法》也赋予了苏格兰事务律师协会权力，来任命具有适当经验并成功地接受过专业培训的事务律师为事务律师—诉辩者，他们在苏格兰所有法院都有出庭发言的权利。[14]

　　第六章将详细审查其中许多改革所产生的影响的证据。在本章中，更重要的是讨论英国司法辖区法律服务市场规制这些变化背后的动力。如上所述，法律职业的规范有其传统、习惯和实践的基础，但是在现代，这些传统已经在法律中得到承认，特别是就事务律师职业而言。自第二次世界大战结束以来，英国的反不正当竞争法日益成为制定法问题。然而直到最近，制定法才给了政府部长相当大的余地来决定什么是"公共利益"，这从未被视为是完美竞争或者帕累托最优

---

[12] See Baumol, Panzar and Willig（1982），Hay and Morris（1991）and Church and Ware（2000）.

[13] 被称为产权转让和执行执业者。

[14] 在英格兰和威尔士以及苏格兰，"事务律师—诉辩者"都可以在民事法庭或刑事法庭或两者申请更高的出庭发言权利。

的同义词。[15] 近年来，公平交易局在就法律服务市场中现行做法对竞争的影响向司法部长[16] 提供建议方面发挥了重要作用，但是在这些情况下，最终决策权仍掌握在司法部长手中。自由化在很大程度上是由政府主动进行的。这些举措已逐渐从劝说职业团体放宽其自身规则的形式（通常是在立法的威胁下）转变为全面的立法改革，尽管这仍然让职业团体机构控制其自身的规制，但是规定了创建新的规制团体的权力。与欧洲其他司法辖区不同的是，自由化不是通过由个人在法院挑战职业规则的方式发生的，而是由相关政府和职业自我规制组织在立法威胁的背景下进行谈判的过程。这三个司法辖区的出庭律师业对政府提案的抵制最大，[17] 而事务律师们虽然最初也强烈反对，但是后来开始采取行动适应改革。

根据 2007 年《法律服务法》，英格兰和威尔士的法律服务规制进一步自由化，引入了新的规制结构，并承认了非律师人员拥有的可选性商业结构（ABS）。在事务律师反对苏格兰事务律师协会默许《法律服务（苏格兰）法案》中的建议后，《法律服务（苏格兰）法案》对苏格兰的 ABS 的类似建议有所缓和。因此，在苏格兰，非律师人员对 ABS 的所有权被限制在 49%。关于 2007 年《法律服务法》和之前的 Clementi 报告的详细讨论，将在第七章和第八章

---

〔15〕 就对英国竞争法和政策进行的评估，see Scott（2009）.

〔16〕 参见前述脚注 14。

〔17〕 Abel（2003）对此进行了详细讨论，并在 Abel（2005a）中进行了总结。Abel 指出，出庭律师协会成员在抵制政府提案时使用了非常强硬的措辞。大法官 Mackay of Clashfem 勋爵——他曾作为苏格兰诉辩律师而不是出庭律师执业——成为英国出庭律师和司法机构强烈批评的焦点。事务律师协会的领导人最初使用了类似的夸张说法，但是当与出庭律师相比，事务律师的相对获益得到重视时，事务律师协会采取了更温和的立场。

进行。然而，苏格兰诉辩律师协会在此期间保留了大部分权力。此外，苏格兰的自我规制团体没有像英格兰和威尔士的 2007 年《法律服务法》那样，通过第二级或者超级规制者来规制规制者。

其他欧洲司法辖区的自由化

本节概述了许多欧洲司法辖区自由化进程的演变。这不是对所有欧盟司法辖区的详细审视，但是提供了一些与英国司法辖区自由化进程的比较。Roger Van den Bergh（1999）认为，虽然欧洲的法律职业不像商业活动那样有着同样的竞争，但是职业的特权越来越多地受到反不正当竞争法的制约。尽管如此，在许多民法司法辖区内，职业协会（通过命令或者议院）具有公法地位。因此，必须由宪法法院作出裁决，以解决反不正当竞争法与这种公法地位所赋予的权利之间的冲突。下一节将探讨欧洲委员会的作用。

德国

在德国,职业一般不能免于《反竞争限制法》(GWB)。[18] Roger Van den Bergh（1999）引用了一些在判例法中被认定为违反自由竞争的职业做法。然而，一方面，调整职业准入的规则和根据制定法授权运作的职业成员的行为"逃脱了反托拉斯审查"（p. 102）。不过，对制定法授权的解释是狭隘的;[19] 另一方面,为律师制定的基于交易价值的收费标准逃过了起诉，因为它们得到了州制定法的授权。

Schultz（2005）将德国现代律师规制的起源与 1959 年的《联邦律师条例》（BROA）联系起来——律师必须在某个普

---

〔18〕 See Van den Bergh（1999）; Herrmann（2006）.

〔19〕 See also Herrmann（2006）.

通管辖权法院准入，即有司法职务资格，在准入的地方有办公室，并根据《联邦收费条例》（BRAGO）收费。[20] 惩戒监督由民事法院和议院共同行使。Schultz（2005, pp. 107, 108）认为，1997 年 3 月生效的《律师职业条例》代表了律师的根本性的变化，因为它将律师从"司法机关"转为一个独立的职业，即用"职业自尊"取代了国家控制制度。她认为，这方面最实际的表现是放宽有关广告的规则，这已成为反不正当竞争法问题而不是职业伦理问题。

从 1987 年起，德国宪法法院通过一系列案件，认定联邦议院的指引是违宪的，特别是在广告方面，反不正当竞争法就占据了上风。这使德国的情况朝着自由主义的方向发展（see Schultz, 2005; Herrmann, 2006）。确实，1992 年联邦宪法法院判定，受雇于非律师第三方的律师有权成为律师（*Anwiilte*），独立执业或者受雇（Schultz, 2005）。2000 年对事务的地域限制被取消。很长一段时间以来，职业成员都认为地域限制是必不可少的（Schultz, 2005, p. 103）。20 世纪70 年代，法律工作的国际化和规模化与这些限制产生了冲突。适用于德国的一个办公室规则的限制的取消，是 1984 年欧洲法院 *Klopp* 案件[21]判决的结果。1994 年开始了进一步的重大重构，法院关于执业活动的判决被用来消除更具有限制性的规则：律师费分享和计时收费合法化；允许做广告（Herm1ann, 2006, 认为剩余的广告限制只适用于追逐救护车的行为）；职业赔偿保险成为强制性保险；允许建立地区间合伙，在每个地点设立一个办事处，但是不允许设立"分支"办事处（see

〔20〕 尽管像 Paterson、Fink 和 Ogus（2003, pp. 177 ff.）所指出的那样，该收费标准严格地只适用于法院代理，但似乎 80% 的律师使用该收费标准作为所有收费的依据。

〔21〕 实际上，Klopp 案件的判决针对的是在法国只能有一个办公室的规则，而 Klopp 在法国和德国都获得了资格。

also Paterson, Fink and Ogus, 2003）；除了民事法律公司和办公室共享安排外，全面合伙和私人有限责任公司也被允许（Paterson, Fink and Ogus, 2003, pp. 180, 181）。

在20世纪90年代中期，"大型"德国律师事务所的合伙人通常不到20人（Schultz, 2005, p. 120），他们的成员在其中是"学术性"的。大约在世纪之交，从事国际交易的律师事务所的规模有所增长。当许多"大型"规模的德国律师事务所与更大的英美律师事务所合并时，情况尤其如此（Schultz, 2005; Henssler and Terry, 2000/01; Stephen, 2002）。这一并购浪潮的结果是，德国法律服务市场上最大的律师事务所，大多是英美律师事务所或者国际会计师事务所的法律分支机构。[22]

虽然许多论者认为德国法律职业的方向是逐渐更大的自由化，但Matthias Kilian（2010）报道了人们对进一步自由化的反对。在2010年律师界上的大多数书面和口头陈述，以及出席本届年会的德国律师投票反对：自由选择业务结构；职业服务事务所的外部所有权；多行业执业的引入；以及放弃为受规制职业成员制定的具体的广告规则；投票也反对进一步放宽不胜诉不收费的规定，反对取消法院工作的最低收费。不过，从前面的讨论中可以看出，德国的法律服务市场已经从20世纪80年代的高度规制转向了今天更加自由化的局面。这在很大程度上是通过向联邦最高法院提起的一系列诉讼实现的，这些案件是为了根据德国自己的反竞争限制法（GWB）和根据欧洲法院的判决，测试立法中体现的国家行动在多大程度上保护法律职业免受这些法律和判决的限制。

---

〔22〕 就对这一现象更全面的叙述，see Henssler and Terry（2000/01），Stephen（2002），以及第八章的讨论。

法国

在 20 世纪，有一些行动者试图在法国提供法律咨询和代理，包括向不同的委托人提供咨询意见的许多不同的职业团体，同时出现高度分散的规制制度（Boigeol and Willemez, 2005, p. 43; Buchman, 2002）。诉辩律师（*avocats*）在法庭上进行诉辩，在那里他们实际上拥有垄断地位，也有与事务律师、执行官和公证人相当的代理律师（*avoués*）。商事诉讼代理人（*Agréé*）是能够在商事法院的非专业法官面前代理委托人出庭的非律师人员。由于法律咨询在法国不是一项受限制的活动，因此非律师人员顾问可以向商业组织提供许多法律咨询，这个团体演变成了法律顾问（*conseils juridiques*）（Boigeol and Willemez, 2005）。1971 年，诉辩律师、代理律师和商事诉讼代理人合并成为单一的诉辩律师职业。驻最高行政法院及最高法院的律师（*Avocats au Conseil d 'Etat et a la Cour de Cassation*）仍然是一种单独和专属的职业，享有在最高法院和最高行政法院进行诉辩的专属权利（Boigeol and Willemez, 2005, Table 3; Buchman, 2002）。Boigeol 和 Willemez（2005, pp. 42-53）提出，1990 年将法律顾问纳入律师业，创建一个新的扩大的现在占法律职业主导地位的诉辩律师职业，这个统一过程的目的是形成法律建议和代理的垄断（see also Buchman, 2002）。

然而，Boigeol 和 Willemez（2005）认为，律师业仍然是分裂的，只不过是基于地理原因。根据上诉法院的管辖范围，诉辩律师组成了 181 个地区性律师协会。[23] 巴黎律师协会是最大的律师协会，拥有超过 40% 的诉辩律师（Boigeol and Willem ez, 2005, pp. 54, 55; Buchman, 2002）。1990 年，

---

〔23〕　如果包括海外领地，则是 183 个。

全国性律师协会委员会（Conseil national des barreaux, CNB）成立，旨在将诉辩律师的规制统一和标准化。虽然从数字上看，巴黎律师协会在律师协会中占主导地位，但是 Boigeol 和 Willemez 指出了它和南泰尔（Nanterre）律师协会之间的竞争，南泰尔律师协会包含了大量法律顾问的前事务所，其中一些是主要国际会计事务所的法律附属公司。南泰尔律师协会和相应的上诉法院的地理管辖范围包括拉德芳斯（La Defense）的主要商业中心。作为这场冲突的迹象，Boigeol Willemez 指出，巴黎律师协会坚持普华永道根据 1990 年的法律进行更名，以将其法律和会计部门区分开，然而南泰尔律师协会并没有要求其管辖的律师事务所进行同样的改变。

Boigeol 和 Willemez（2005, pp. 50-53）认为，法国律师业不得不应对法国法律职业的性质所面临的两大威胁：多行业执业的侵蚀（如上所述）和日益增多的盎格鲁—撒克逊律师事务所。他们报告说，就前者而言，律师业取得了一些成功，尤其是在安然事件后，但是最终律师业的许多规则被最高法院（*Cour de Cassation*）判定为违法，最高法院得出的结论是，只有政府可以确定哪些伦理规则是强制性的。在第二个方面，盎格鲁—撒克逊律师事务所（因为他们"在市场上非常高效"）在商法市场上取得了巨大进展。它们不仅占领了相当大的市场份额，还吸引了大量的年轻诉辩律师，并影响了法国竞争对手采用的商业模式（正如 Stephen, 2002 年预测的那样，以及上面关于德国情况的讨论）。

Buchman（2002）指出，自 1990 年以来，诉辩律师已经有了广泛的商业经营形式。除了单独执业（有或者没有合格的助手[24]）、合伙关系和成本分摊安排，[25] 还有一系列类型的

---

〔24〕 Avocats collaborateurs.

〔25〕 Cabinets groupes and societe civile de moyens.

职业公司[26]可供选择。律师费并不受到规制（Paterson, Fink and Ogus, 2003）。尽管诉辩律师个人在广告方面受到限制，但是 Paterson、Fink 和 Ogus 认为，律师事务所正在越来越多地发展他们可以推销自己的方式。总的来说，由于法院的判决和欧盟法律导致的多行业执业和盎格鲁—撒克逊律师事务所的不断渗透，诉辩律师已经朝着自由市场的方向发展。

意大利

在意大利，法律职业曾一度不在反不正当竞争法的全部调整范围内。虽然 Roger Van den Bergh（1999）认为，法律职业团体在设定律师费方面的角色受反不正当竞争法调整，因为它是企业协会，他指出，由于收费标准必须经部长批准，国家行动战胜了反不正当竞争法。[27]反不正当竞争主管部门不能根据反不正当竞争法实施制裁，只能提请议会注意这一情况。反不正当竞争主管部门对法律职业进行了调查，并在1997年反对对广告进行限制和设定最高和最低律师费。[28]

意大利政府于2006年颁布了所谓的"贝尔萨尼法令"（Bersani Decree），旨在让职业服务市场自由化，促进包括收费在内的更大竞争；2002年放宽了广告规制；意大利现在允许附条件收费。在意大利，反不正当竞争主管部门支持欧盟反不正当竞争法的宣传工作，似乎带来了某种程度的自由化，但是它的程度一直很低，而且受到了来自意大利律师业的强

---

〔26〕 Societes Civiles, Societes Civiles Professionnelles, Societes Anonymes, Societes a Responsabilite Limitee, Societes en Participation, Societes d'Exercice Liberal a Fonne Anonyme, Societes d'Exercice Liberal a Responsabilite, Societes d'Exercice Liberal en Commandite par Actions and Societes d'Exercice Liberal par Actions Simpliftee.

〔27〕 See Van den Bergh（1999, p. 104）.

〔28〕 See Caron（2008, fn 17）and Alpa（2010）.

烈抵制，就像 Alpa（2010）报告的那样。然而，据 CCBE 通讯（CCBE info - No 29/2012）报道，[29] 2011 年 11 月 12 日，意大利议会在意大利引入了替代性商业结构。这个提案包括：

i. 公司结构的自由选择（包括有限责任公司和股票发行）；

ii. 这种公司团体必须具有专门的职业活动（包括多行业合伙）目的；

iii. 合伙人 / 股东可以是职业人员（包括来自欧盟其他成员国的职业人员）和 / 或"技术服务或者投资目的清单"上的非职业人员。

因此，在意大利，律师事务所的外部所有权现在具有一种明显的可能性。

西班牙

西班牙的法律职业有两个主要分支（除了公证人和登记官之外）：诉辩律师和事务律师（advocates（abogados）和 solicitors（procuradores））。正如 OECO（2007, p. 225）报告的那样，两者之间的区别在于："西班牙诉辩律师的工作基本上是在法庭上为委托人进行法律辩护。事务律师的任务仅仅是在法庭上代表委托人（不包括法律辩护）"。地方律师的会员资格使诉辩律师可以在西班牙的任何地方执业，而事务律师只能在其注册的事务律师协会的地理管辖范围内执业。根据 OECD（2007），事务律师的费用受到规制，而出庭律师的费用则不受规制。此外，事务律师不得做广告。出庭律师可以参加 MDP（但是不能与事务律师一起）。Marcos（2000）讨论了跨国审计事务所的法律部门在西班牙市场上的侵入。一些英美律师事务所也在西班牙建立了自己的办事处。他指

---

〔29〕 Consulted 17 July 2012 at: http://www.ccbe.eu/fileadmin/user_upload/ NTCdocument/newsletter_29_ enpdfl_1 327503311.pdf.

出，西班牙法律文件并没有禁止审计事务所提供法律服务。然而，与他人分摊律师费是被禁止的。

2007年3月15日的法律要求诉辩律师的"社团"必须拥有职业合伙人75%的股份和投票权，事务律师的"社团"只能限制在一个地理区域（OECD，2007）。西班牙反不正当竞争法不适用于由法律授权的自我规制机构的活动。

芬兰[30]

芬兰被许多论者认为是欧洲法律职业规制体制最自由的国家（see Paterson. Fink and Ogus, 2003; SEO Economic Research, 2008, fn 16）。从一般意义上讲，芬兰民事法院的法律实务只受到了少量规制。任何拥有法学硕士学位的人，都可以称自己为律师（*lakimes*），并可以提供法律咨询和在民事法院提供代理。然而，只有芬兰诉辩律师协会的成员可以自称诉辩律师（*asianjaja*），只有诉辩律师才能在刑事法院出庭。诉辩律师只能提供法律服务，不得拥有其他商业利益，同时他们被允许雇用律师。据估计，目前约有1900名诉辩律师雇用了大约600名律师，大约有700名非诉辩律师在大约600个律师事务所中工作。但是，这些数字不包括政府部门和公共机构的雇员，他们有义务向公民提供有关其法律上的权利的信息。它也不包括那些受雇于银行和其他组织，被允许代表雇主的顾客提供法律咨询和起草文件的人。

芬兰诉辩律师协会对其成员的活动进行了严格的监控，对违反其规则的成员的检控率相对较高。律师和诉辩律师都不得宣传他们的成功率，但是除此之外，对广告没有任何限制（SEO, 2008, p. 58）。

---

[30]　除了引用的参考文献，这一小节还得益于与芬兰国家法律政策研究所的 Auri Pakarinen 的对话和他所提供的信息。

然而,最近的立法意味着从 2013 年起法律硕士(*lakimes*)将需要在芬兰诉辩律师协会的监督下进行训练，然后才被允许在有争议的民事案件中代理委托人。因此，与以前相比，芬兰的制度更不自由了。芬兰市场似乎相对不受欧盟职业规制政策的影响，因为欧盟委员会所期望的法律服务市场的自由化在芬兰似乎已经存在。

欧盟委员会的角色

有人认为，[31]欧共体反不正当竞争法的现代化和源自 2000 年《里斯本条约》的议程，使人们更加重视欧洲联盟国家反不正当竞争法与职业规制之间的关系。职业服务的效率被视为产生有效市场经济的一个关键组成部分，而有效市场经济是该条约的目标之一。[32]维也纳高级研究所代表欧盟委员会对欧盟职业服务市场的规制进行了研究（Paterson, Fink and Ogus, 2003）。

Paterson、Fink 和 Ogus（2003）就包括法律服务在内的一系列职业服务，编制了当时欧盟司法辖区的竞争力指数。这项研究——这是一次会议的主题——受到来自多方面的批评。特别值得一提的是，RBB Economics（2003）对其进行了一项高度批评的评估。另一项研究是由 SEO 经济研究公司（SEO, 2008）为国际法律费用保险协会（RIAD）进行的。第六章将更广泛地讨论比较不同司法辖区和不同职业规制的好处和困难。跨司法辖区研究的一个好处是，与只涉及一个司法辖区的研究相比，不同的司法辖区在规制体制方面产生了更大的可变性。这种做法的缺点是，在进行同类比较时必须

---

〔31〕　See Atanasiu（2006, p. xx）.

〔32〕　See the report of the（then）EU Competition Commissioner Mario Monti's speech reproduced at pp. 3-9 in Ehlermann and Atanasiu（2006）.

谨慎。还有一种倾向是用以衡量规制程度的量度是法律上的量度，而不是事实上的量度。无论哪种方法，实际使用的测量方法都不可避免地带有主观色彩，并容易形成不同意见。即使是在连续的自由化过程中对司法辖区进行排名，也会在评估者之间产生差异。因此，SEO（2008）编制了一份法律服务排名，与 Paterson、Fink 和 Ogus（2003）编制的排名相比，在关键方面有所不同。然而，这两个排名之间存在着高度的相关性。[33] 在这两项排名中，芬兰都是自由化程度最高的司法辖区，其次是荷兰或者英格兰和威尔士的事务律师，然后是匈牙利。排名居中和排名较低的国家之间的差异最大。虽然这两份排名都将捷克共和国和比利时排在中间组，但是 SEO（2008）把西班牙排在他们前面，而 Paterson, Fmk 和 Ogus（2003）把西班牙排在更低的位置。这似乎是因为 SEO（2008, p. 61）认为，收费标准与诉讼程序的类型有关，而这并不是一个严格的标准。两份分析报告都将意大利、法国、德国和奥地利列为规制最严格的国家，尽管这些国家在两份分析报告中的实际排名上有所不同。

政策制定者有兴趣看看规制体制的严重度差异会对价格、产出、生产率等表现变量造成什么影响。Paterson、Fink 和 Ogus（2003）提供了他们的规制指数与法律服务的产出和雇员人均产出之间的相关性。虽然他们证明了负相关，但是他们认为，由于观察的次数不多，这并不是一个统计上可靠的结果。然后，他们汇集了法律、会计和技术服务方面的数据，发现每个雇员人均产出与规制指数之间存在显著的中度负相关关系。然后，他们进行所谓的差距分析，以考虑各经济体之间的结构性特性差异，从而获得更精细的结果。这样做的

---

[33] Spearman 的 ρ 的相关性是 0.765，在 0.05% 的水平上，这与零有显著不同。

时候，他们得到一个更高的负相关（-0.43），这显著不同于零。Paterson、Fink 和 Ogus 的结论是，这些结果表现出一致的结论，即规制的严重度越低，职业服务的生产率越高。

RBB（2003）对 Paterson、Fink 和 Oous 的方法论和其对结果的解释持高度批评态度。此外，它还提出了以下批评：

（a）虚假相关/更合适的统计技术可用。RBB（2003）认为，由于没有考虑其他可能影响表现变量的因素，原始研究中使用的简单相关分析可能会导致虚假相关。这里确实存在一个问题。然而，多变量统计分析需要比（当时）15 个欧盟辖区有更多的观察值（司法辖区）。另一方面，通过汇集不同职业的数据，可以获得更多的观察值。RBB（2003）批评原始报告将这些观察值汇总在一起，以实现更可靠的相关性分析。在一定程度上，这种批评是有效的，因为每个职业的规制程度和表现变量可能存在不同的关系。然而，在回归情况下，有可能测试这一说法的有效性。[34]

（b）通过使用差距分析来调整表现量度造成的信息损失。RBB 的报告强烈批评了这一点，即表现变量的转换（在它们的"差距"分析中）更一般地消除了各国在规制态度上的差异，从而降低了对被调查的特定职业的分析的有效性。同样，可以使用原始报告中提供的数据直接测试这一说法。

为了检验 RBB Economics（2003）中的这些批评的有效性，笔者已经进行了多元回归分析，使用的数据汇集自 3 个职业（法律、会计和技术服务）。这旨在确定"每个雇员的业务量"与规制指数之间的任何关系，同时测试差距分析是否排除了所有特定国家的影响，以及不同职业之间的关系是否不同。结果[35]表明，差距分析已经考虑了所有具体国家的影

〔34〕 通过运行一个测试来检验数据池的有效性。

〔35〕 来自于作者。

响。[36]它们还指出，与其他两个职业服务领域相比，会计行业的表现变量和规制指数之间的关系有所不同。

因此，对 Paterson、Fink 和 Ogus（2003）的这些批评的直接检验表明，它们是无效的（或者至少与数据不一致）。这并不是说 Paterson 等人（2003）的研究应该被视为对职业规制效果的实证分析的最终结论。所有跨司法管辖权的实证研究都不可避免地存在缺陷因此需要使用不同的方法进行更多的实证研究。从制定政策的角度来看，重要的是积累的证据是否指向类似的结论。

在 Paterson、Fink 和 Ogus（2003）的著述发表后，欧盟委员会发表了一份职业服务竞争报告（EU Commission, 2004），敦请成员国考虑其司法辖区内的职业规制对竞争和职业人员自由流动的干涉程度，会员国被敦促按照比例标准对职业服务市场的竞争加以限制。欧洲法院在这个时候已经就职业规制领域的一些案件作出了裁决。

欧盟委员会的立场可以被视为对政策制定者和可能的案件裁决法院施加越来越大的压力，要求它们比过去更仔细地审查竞争与职业特权和限制性做法之间的平衡。如上文所述，即使在英国的一些司法辖区，自 20 世纪 80 年代（及之前）以来，其就采取了更积极的开放法律服务市场的办法，欧盟委员会的报告则为此带来了进一步的重视（see for example Scottish Executive, 2006, pp. 8, 9, 11, 71, 111）。然而，Clementi 报告几乎完全没有提到欧盟委员会的政策，也没有提到法律服务法案起草联合委员会的政策。欧盟委员会呼吁成员国对法律服务市场上的竞争限制进行审查，一些成

---

〔36〕 另一种办法是使用表现变量而不进行差距分析，但是允许用数据确定对任何具体国家的影响。当这样做时，规制指数和未调整表现变量之间的负关系似乎仍然有效。

员国已经采取了行动，尤其是针对广告的限制。[37]显然，欧盟委员会在促进欧盟法律服务市场竞争方面发挥了主导作用，但是欧盟反不正当竞争法的"现代化"已将竞争的执行权移交给各国反不正当竞争主管部门。经合组织（2007）的国别报告，凸显了成员国的全国性反不正当竞争主管部门在促进法律服务市场更大的竞争方面，所发挥的日益重要的倡导和控告作用。[38]爱尔兰、葡萄牙和希腊政府与国际货币基金组织、欧盟委员会和欧洲央行签署的协议备忘录，包含了要求职业服务市场广泛自由化的条款（CCBE info N° 29/2012; see note 29）。在协议备忘录要求贯彻爱尔兰反不正当竞争主管部门的建议后，爱尔兰政府推出了一项法律服务规制法案，以创建一个由绝大多数非律师人员组成的独立规制者，来规制爱尔兰的这两个行业分支。

结论

本章讨论了英国和欧洲一些司法辖区的自由化进程。在英国，特别是英格兰和威尔士，自由化进程在很大程度上是由政治进程驱动的，这导致了对规制制度的激进重塑，加强了规制竞争，凸显了因允许非律师人员在提供法律服务的事务所有权，而在法律服务市场形成的激进变革。在法国和德国，自由化进程是法院根据国家和欧洲反不正当竞争法，用判决限制对反竞争做法的制定法授权的结果。如果说芬兰有

---

[37] See Commission's written submission to the OECD Policy Roundtable on Competitive Restrictions in Legal Professions（OECD, 2007, pp. 295-300）.

[38] 关于下列国家的报告特别提到了这一点：Belgium（pp. 144-6），Czech Republic（pp. 169-70），Hungary（pp. 189, 191-2），Ireland（pp. 201, 206-7, 209），Italy（pp. 212-14），Netherlands（p. 231）and Spain（p. 258）.

什么不同的话，那就是其被认为是极其自由的法律服务市场，它的规制制度略有收紧。在意大利和西班牙等欧洲其他司法辖区，自由化进程一直较为缓慢。Paterson、Fink 和 Ogus（2003）的回顾揭示了使用跨司法辖区的多职业数据的困难，同时也表明对此的一些批评是无效的。国际货币基金组织、欧盟、欧洲央行与爱尔兰、葡萄牙和希腊签署的协议备忘录包含了要求开放职业服务市场的条款，这导致爱尔兰提出了立法草案，意大利提出了立法建议。下一章将回顾许多关于放宽规制对法律服务市场影响的实证研究。

第六章　关于放宽规制的效果的证据

　　本书的第一部分，讨论了规制法律职业的理由。在讨论过程中，法律职业的自我规制受到质疑，因为它的运作可能是为了法律职业的利益，而不是为了法律服务的消费者或者整个社会的利益。在第四章中，我们看到有强有力的证据表明，律师职业成员及其规制团体对激励的反应方式，与律师影响其行为的自身利益相一致，与自我规制团体为其成员的利益进行规制相一致。在第五章中，介绍了欧洲联盟国家律师规制制度的自由化进程。政策和学术文献中的许多讨论都建立在先验推理的基础上，只有有限的实证证据。在本章中，我们将研究有关规制或者放宽规制的影响的实证证据。然而，首先讨论的是在这一领域进行良好实证研究的要求。

　　在评估规制（或者任何其他制度体系）时，必须小心避免 Harold Demsetz（1969 年）所称的"涅槃"经济学，换言之，将现实世界的一系列制度（如规制）与抽象的理想化选择进行比较。研究人员（或者政策制定者）不应将苏维埃式规划的低效率与诸如二年级教科书中的市场或者抽象的一般均衡模型进行比较，而是要与混合经济的实际运作进行比较。实际上，Demsetz 是在呼吁进行比较制度分析：将一套观察到的制度与另一套可行的制度进行比较。这种方法当然适合于评估政策。

实证方法

在一个理想的世界里，研究者希望在两种不同的情况下比较一个明确的性能变量，这两种情况的唯一的区别是政策或者机构之间的差异。这样，性能变量的差异就可以归因于政策变量的差异。假设性能变量的不同值代表了结果可取性的差异，这些也就可以归因于政策变量的差异。

例如，假设性能变量是商品或者服务的实际价格，更低的价格被认为是一个明确的可取结果（换言之，质量是不变量），不同的政策是供应商的准入市场的完全自由政府为某个供应商授予的垄断。如果在市场准入自由时可以观察到较低的价格，而在政府颁照垄断时观察到较高的价格，则可以合理地得出这样的结论：准入自由在政策上比政府颁照垄断更可取。然而，为了得出这个结论，必须假设没有其他因素可能会影响自由准入和垄断的情况下的价格差异，或者至少，它需要能够将这些其他因素的影响与准入条件差异的影响分离开。幸运的是，在后一种情况下，多变量统计技术使得我们能够将准入条件的影响与其他对价格的可测量影响分离开。

然而，这种方法不仅需要在不同时间观察商品的不同价格，而且还需要在有准入自由的时期和有政府颁照垄断的其他时期。我们需要性能变量和政策变量的变化，来推断政策变量对性能变量的影响。不幸的是，在法律职业的规制方面，很少有情况既存在明确的性能变量，又在规制体制方面随着时间的推移有所变化。特别是，各个司法辖区的规制制度往往很少改变。下一小节讨论了在这种情况下如何可能获得实证证据。

规制经验研究的类型

研究法律服务规制的影响，可以使用许多实证方法。

Joskow 和 Rose（1989）提供了规制领域的实证工作的开创性讨论。他们提出了评估规制的三个可能的"基准"：

（i）与"如果该行业表现得'最优'将会发生什么"进行比较。

这看起来很像"涅槃"经济学。任何合理的政策评估都需要将"替代性"政策解决方案与这个基准进行比较。因此，与替代性政策进行直接比较将是最好的方法。

（ii）与替代性规制制度进行比较。

（iii）与没有任何形式的价格和准入规制进行比较。

这个问题实际上是关于确定什么是反事实，换言之，除了没有规制或者一个不同的特定的规制制度，如果所有的情况都是一样的，会发生什么。

有一个明确的反事实是极其重要的。正如 Joskow 和 Rose 暗示的那样，在一个特定的行业中，对规制的许多相互矛盾的评估，都是因为没有一个明确的反事实。数据可用性可能是这里的决定性因素。可以用来评估规制的替代性实证方法，实际上是检验经济学假设的替代性方法。

用以测量规制效果的四种方法是：

（i）比较受规制和不受规制的厂商或者行业的"配对"。

（ii）在没有不受规制的厂商的行业中，规制强度的变化可能允许研究者推断规制的影响。

（iii）可以进行对照实验。

（iv）可以建立结构/模拟模型，以便就规制的影响作出推论。

前两种方法常常混合在一起，因为几乎没有一个行业是完全不受规制的，这几乎是一个不言而喻的事实。规制与无规制的比较，或许最好描述为最低规制与广泛规制的比较。第一种方法的重要之处在于，存在两种不同的情况，这主要是因为一种情况下存在一些规制限制，而另一种情况下则没有。

第二种方法是基于这样一种观点：虽然两种情况在形式上可能受制于同一规制体制，但是规制限制可能并不总是具有"约束力"。例如，可用于"监督"该行业的资源可能会随着时间或者地点的变化而变化，也可能采取不同的形式或者使用不同的程序。

这两种方法都可能受到时间序列或者横断面分析的影响。也许理想的研究类型是时间序列的"前后"方法。在这里，规制效应是通过一系列关系（例如价格、利润等决定因素）的变化来模拟的。当我们考虑放宽管制的时候，"之前"可以是未受规制的行业，"之后"可以是受规制的行业，反之亦然。理想情况下，我们将需要数年的关于"之前"和"之后"的数据，当有"体制"转变时，也将需要有一个明确的时间点。因此，可以使用哑变量来表示"之前"和"之后"。因此，邹氏检验（Chow test）将说明是否发生了体制转变。

正如 Joskow 和 Rose 所说的那样，这类研究在理论上比在实践中更容易。要确定体制转变可能并不容易。体制正式改变的日期可能是已知的，但是"规制影响"可能受制于先导效应或者滞后效应，例如可能出现公告效应。当宣布行业将被规制/放宽规制时，事务所可能会调整他们的行为，而不是等待变革的执行。或者，变革可能需要一段时间才能产生效果，因为有过渡性安排，或者仅仅因为行为发生变化需要时间。这种时间序列研究还必须考虑到影响因变量的其他因素：比如商业周期各阶段的差异，事务所或者市场的特性等。这些可能会影响性能，但与规制体制的变化无关（换言之，它们是外生效应）。

同样的考虑经过必要的修改也适用于横断面研究。当然，这里的"前"和"后"变成了"受规制的"和"不受规制的"或者类似的对比。在这些情况下(例如,特别是美国的研究使用的州际规制差异),界定或者测量规制限制的差异可能相当棘手。

另一种时间序列方法是基于金融市场数据的方法。在这里,体制更迭的影响是通过股市对宣布的体制更迭的反应来衡量的。这样的研究也有自己的问题,如存在明显的公告效应问题。这种技术对股市效率的依赖加剧了这种情况。如果市场不是高效的(换言之,用可用的最佳信息来评估情况),这种方法就没有价值。

Joskow 和 Rose 的第三类实证方法是"对照实验",其中包括实地研究,这包括研究在现实世界中创建规制实验的效果。在这里,在一些局部地区,规制制度被改变,并观察结果。第二种实验是在"实验室条件"下进行的。在这里,创建了一个人工系统,并对其进行变化,以模拟规制变化或者规制条件,并观察受试者的行为。

Joskow 和 Rose(1989)讨论的最后一种实证方法,是他们所说的结构/模拟模型。如果规制体制没有变化(换言之,只能获得一个规制期间内的数据),我们就无法在时间序列、横断面或者预期研究中进行这种比较。我们只有规制下的数据。这里提出的是,构建一个行业的结构模型,然后可以对该模型进行模拟,以了解在没有规制的情况下,行业将如何行为,或者它与最佳情况有何不同。在这些情况下,特别需要一个明确的反事实。这里理想的方法是估计行业的需求和成本函数。然后,这些数据被用来检验当前价格在不受规制的垄断之下会是什么价格,以及最优价格是什么。困难之处在于要知道成本函数本身是否受到规制的影响——因此,反事实的重要性就在于此。例如,Winston(1993)认为，预测美国航空公司放宽规制的影响的经济学家，低估了厂商针对放宽规制而调整技术和创新的程度，例如引入枢纽。Winston 强调，重要的是这些模型的完整性，换言之，要考虑到所有可能的影响。

Pagliero（2011）提供了一个有趣的结构模型，来研究州律师资格考试通过率是否会为新进入者带来经济租金。正如第三章所讨论的那样，由此得出的估计结果使这一假设无法被否定。

在这个方法的讨论中，任何评估的标准（因变量）还没有被讨论。Joskow 和 Rose 确定了可以（也许应当）使用的许多标准：

（1）价格水平和价格结构；

（2）静态生产成本；

（3）动态效率；

（4）产品质量和品种；

（5）收入和租金的分配。

很少有关于法律职业规制或者放宽规制的研究能够完全满足 Joskow 和 Rose（1989）所设定的标准。大多数关于法律服务规制的研究关注标准化服务的价格，但也有一些试图关注质量，这在获得可靠数据方面存在问题。

规制和放宽规制的统计学研究

本章的其余部分回顾了一些实证研究，这些研究阐明了法律服务市场规制的后果和放宽规制的过程。这些研究为之前的章节中所概述的对规制的批评提供了检验。在这些讨论中，我们将关注研究中所采用的方法的局限性和不完善之处。一般来说，我们进行了四类统计学研究：

1. 对某个司法辖区的研究（事件研究）。就像前一节所讨论的那样，规制体制变化影响的理想标准是，在其他条件不变的情况下，可以比较在两种不同规制制度下的表现变量的运行状况。其中一种方法是使用事件研究。在这种情况下，该事件是规制体制的变化。对于这样的研究，我们需要一个明确的表现变量和一个明确的规制体制的变化。后者在职业规制领域相对少见，因为对于大多数司法辖区而言，规制体制在相对较长的时期内都是稳定的，它还要求收集规制变革前后的可比数据。

当然，只有在规制体制已经发生变化的情况下才可能进行此类研究。根据定义，它们并不在规制变化之前，向有关司法管辖区的政策制定者提供有关规制变化可能产生何种影响的证据。然而，如果制度具有广泛的可比性，其他司法辖区的决策者可能会对这些数据感兴趣。例如，爱尔兰的政策制定者从英国司法辖区放宽规制的经验中得出了爱尔兰放宽规制可能产生的影响的推论，因为爱尔兰的制度与英国的制度有广泛的可比性。

然而，即使仅限于单一司法辖区的事件研究也可能面临困难。"事件"发生的时间可能不像前面所说的那么明确。运行状况可能会在正式的"政策变化"之前发生变化、只是在一段时间后发生变化，或者在"事件"之后需要一段时间才能适应新的均衡。因此，即使是规制体制上看似直白的变化所产生的影响，也需要对"事件"前后的时期进行仔细分析。

相关的数据，如价格，可能无法在历史基础上获得，这使得不可能在任何规制体制变革后进行事件研究。

2. 在一个放宽规制的司法辖区内对各个亚司法辖区的变化情况进行研究。在职业规制领域，在规制变化之前和之后的可比较基础上取得数据，是相对不寻常的。然而，鉴于为个人和家庭提供的法律服务等职业服务的市场可能是相对本地化的，因此可以利用这些本地化市场的运行状况变化来推断规制变化的影响，换句话说，即进行横断面分析。表现的变化以及对政策变量的反应，是在各个亚司法辖区的一个时间点而不是在一段时间内得到的。对于一些规制工具来说，在不同地点，实际运行状况可能不同，例如，尽管司法辖区可能放宽了广告限制，在广告上可能会有一些地方性差异，这可能导致不同的表现变量，从而说明广告禁令的影响。

显然，本节和前一小节所讨论的研究类型，只有在某司法辖区内发生规制变化时才有可能进行。根据定义，决策者在决定是否引入政策变化时，无法获得这些数据。然而，它们可能对其他司法辖区正在考虑类似政策变化的决策者有用。

3. 多司法辖区的横断研究。另一种审视规制体制差异影响的方法，是利用不同司法辖区的差异来产生政策变量和结果变量的异质性。在美国开展的许多关于规制影响的研究，利用了美国各州规制制度的异质性。横断面研究利用在某一特定时间点上不同司法辖区的表现量度和政策变量的差异，而不是这些变量在单一司法辖区随时间发生的变化。然而，这种增加的可变性是有代价的：需要确保表现变量在不同司法辖区之间具有可比性。这不仅要确保度量单位在不同司法辖区之间具有可比性，而且要确保它们与相同的服务有关（例如，质量是恒定的）。政策变量也带来了一些问题。很少有规制体制可以简单地被划分为"受规制的"或者"不受规制的"。不同的规制形式或者规制工具的混合使用，[1] 存在于不同的管辖区。这几乎不可避免地需要构建一个基于判断的指数，衡

---

〔1〕 对收费的限制，对广告的限制，对收费设置的限制等。关于这些的讨论参见第三章。

量各司法辖区的规制程度。因此，不同司法辖区规制体制的日益增加的变异性，是以测量问题为代价的。此外，可能有一种倾向，即使用法律上的规制工具措施，而不是观察到的运行状况，例如，在某些司法辖区可能允许广告，但是职业人员实际上很少做广告。

4. 跨司法辖区对多个职业的横断研究。进一步的性能变量和规制制度的变化可以通过扩展前一小节讨论的横断面研究来产生，即涵盖不止一个职业。就政策变量而言，这是该方法相对较小的扩展。然而，这进一步加剧了表现变量度量的一致性问题，现在这涉及非常不同的服务。由于不同职业所提供的实际服务不能直接进行比较，因此价格的比较在这里就没有多大价值了。这个问题已经通过使用一种间接的表现衡量方法来解决，例如每个雇员的生产力。[2]

在指出对规制和放宽规制进行统计学研究的数据要求和这些不同框架的可能的局限性之后，现在的注意力转向这些研究提供的关于法律服务市场规制和放宽规制的影响的证据。特别是，将审视自我规制的法律职业所使用的不同工具对表现的影响，并评估对假设的负面影响的看法。

对准入限制的研究

如第三章所讨论的那样，法律服务市场准入规制有两个相互关联的组成部分。第一个是对律师可以在哪些市场开展业务的地域限制，例如，只能在律师居住或者通过律师资格考试的司法辖区内的法院进行诉辩。关于前者的大多数实证工作都与美国有关，并在第三章进行了简要讨论。如第五章所述，英格兰和威尔士对于律师对产权转让的垄断权有所解除，这是 1985 年《司法法》通过的结果，即创建了当时所谓

---

[2] For an example, see Paterson, Fink and Ogus（2003）.

的持照产权转让人这一"准职业"。[3]许多论文已经发表，试图分析取消产权转让垄断对英格兰和威尔士产权转让市场的价格的影响。这些文件说明了上面讨论的在测量规制和放宽规制的影响时存在的一些困难。

Simon Domberger 和 Avrom Sherr（1987, 1989）与消费者协会合作进行了一项研究，对该组织在 1983 年 1 月至 1986 年 8 月间搬家的成员进行了抽样调查。虽然写这两篇论文是为了消除事务律师对产权转让业务的垄断，但是数据涉及的是第一批持照产权转让人进入实务（1987 年 5 月 1 日）之前的时期。Domberger 和 Sherr（1989, p. 42）认为："英格兰和威尔士产权转让垄断的瓦解，构成了法律服务供应自由化的一次独特的、不受控制的实验。在本文中，我们分析了该实验的经济后果，特别是产权转让服务的定价。"作者的计量经济学结果表明，在他们的研究期间，产权转让费确实下降了，特别是，房地产价格和产权转让费之间的关系发生了变化，从而减少了价格歧视。他们得出的结论是："1984 年，自政策宣布放开产权转让之后，在持照产权转让人进入市场整整三年之前，房产价格开始下降。……从这项研究中得出的一般结论是，竞争的威胁产生了巨大的福利效益。"（p. 55）Domberger 和 Sherr 的研究采用的是单一司法辖区事件研究的形式，但其中的事件是宣布消除垄断的意图，而不是实际消除垄断。

然而，Domberger 和 Sherr（1989）在表 1 中列出的关于事务律师规制的事件年表清楚地表明，在他们的数据研究期间，除了关于取消产权转让垄断的讨论外，还有很多事情。特别是，他们引用了 1984 年 2 月《事务律师协会公报》对

---

[3] 作为 1985 年《司法法》的结果。应当指出的是，随着时间的推移，"准职业"一词已不再用来指持照产权转让人，他们现在被直接视为法律职业的成员。

事务律师"就产权转让开展竞争"的鼓励。六个多月后，委员会才建议成立一个持照产权转让人理事会。1984 年 10 月，开始允许事务律师登广告。尽管 Domberger 和 Sherr 对许多控制变量进行了回归，包括房地产价格和房地产交易的特点，但是他们没有考虑房地产交易发生时当地市场的情况，包括事务律师的广告水平或者市场集中度。

虽然计量经济学结果与产权转让服务市场竞争加剧的情况一致，它们不允许将此归因于事务律师的广告创造了更大的市场竞争意识，[4] 而不是持照产权转让人的进入带来的威胁。Paterson 等（1988）和 Stephen 等（1994）报告了 1986 年 11 月和 12 月对英格兰和威尔士 27 个地方市场的约 800 家事务律师事务所进行的调查，结果显示 46% 的事务所在过去 6 个月里以某种形式做过广告。Paterson 等（1988）报告称，律师事务所在地方性市场上做广告的比例差异很大。在一些市场中，被调查的受访者认为，持照产权转让人即将进入之威胁，是竞争加剧的根源。总体而言，有 7.5% 的事务所提到了这一点。然而，在一个当地市场，20% 的受访者提到了它。虽然持照产权转让人的即将进入可能加剧了竞争，但这并不是造成这种情况的唯一因素。

Love 等（1992）和 Stephen 等（1993）对取消英格兰和威尔士的产权转让垄断的影响进行了更细致的评估。这些研究是基于对在 27 个当地市场中提供产权转让服务的事务所的调查，这些同样的市场也是上述报告的早期工作的一部分。这项调查是在 1989 年 11 月和 12 月进行的，换言之，比先前的调查晚了三年，在第一批持照产权转让人开始执业后约 18

---

［4］ Dom berger 和 Sherr（1987, 1989）含蓄地将整个英格兰和威尔士视为一个同质性的产权转让服务市场。Stephen 等人（1992）证明这是一个不合理的假设。

个月。因此，这一研究不是一项事件研究，而是前面讨论的第二种类型研究的一个例子，即在一个放宽规制的司法辖区，有着存在差别的亚司法辖区。在调查的时候，在 27 个市场中只有 10 个市场中有持照产权转让人。在拥有不到 25 个事务律师事务所的 12 个较小的市场中，没有活跃的持照产权转让人。在这 27 个市场中，共有 17 家持照产权转让人事务所在营业，与此相比，有 1619 家事务律师事务所在营业。[5] 调查还使研究人员能够考虑 27 个市场的其他差异，包括律师事务所在市场上的集中度，以及从事各种形式广告的事务所在市场上的比例。因此，除了市场结构变量和一些律师事务所特性变量，作者能够将其表现变量的变化归因于许多政策变量的差异，其中包括一个与取消产权转让垄断有关的政策变量。[6] Love 等（1992）中使用的表现变量是按公值和抵押计算的标准房地产转让费用。Stephen 等（1993）使用的是事务所层面的价格歧视这一量度。价格歧视的存在被视为偏离当地市场竞争的一种量度。表现变量为两个不同标准价格的样本交易的房屋买卖之间的产权转让费的增加梯度。[7] 尤其是，Love 等（1992）和 Stephen 等（1993）发现，在当地市场上，持照产权转让人开始出现在当时市场时，他们的表现变量确实存在显著的统计影响，准入越多，影响就越大。Stephen 等（1993）得出的结论是，他们的研究结果表明，持照产权转让人进入当地市场是提高福利的，因为它减少了事务律师事务所的价格歧视。然而，他们得出的结论是，这种影响比

---

〔5〕　Stephen, Love and Paterson（1994），该文还指出，几乎所有的持照产权转让人事务所都只有一个执业者，而事务律师事务所平均有着更多的收费人。

〔6〕　与持照产权转让人进入市场有关的变量，是持照产权转让人事务所与事务律师事务所的比例。

〔7〕　Stephen 等人（1993）使用的是样本交易，而 Damberger 和 Sherr（1987，1989）使用的是消费者报告的实际交易价格。

事务律师就其产权转让价格所做广告造成的影响要小。Love
等（1992）表明，在市场上的持照产权人比例上增加一个标
准差，预测的平均收费要减少 5.8%，而在市场上就价格做广
告的事务所的比例的类似增加，预测的平均收费要减少 13%。
广告的影响将在下一小节中进一步讨论。

Love 等（1992）和 Stephen 等（1993）报告的结果，与
1985 年《司法法》通过后大约四年的期间有关，在第一批持
照产权转让人开始执业两年半后，该法将非事务律师人员为
营利目的进行产权转让合法化。因此，该数据可能没有代表
取消产权转让垄断的长期均衡影响。三年后，在同样 27 个当
地市场进行了类似的调查。1989 年至 1992 年期间，调整产
权转让市场的规制体制或者对事务律师规制的其他方面并无
进一步重大改变。Stephen、Love 和 Paterson（1994）报告说，
在这些市场中，持照产权转让事务所的数量已上升到 29 家（相
比之下，事务律师事务所的数量为 1666 家）。然而，只有另外
一个市场有持照产权转让人进入。在有持照产权转让人事务所
的 11 个市场中，只有 4 个市场的持照产权转让人事务所达到
事务律师事务所数量的 5% 以上。1992 年，27 个市场的可比
样本交易的平均产权转让费与 1989 年大致相同。然而，这一
期间的通货膨胀率为 18%。因此，真正的产权转让费下降了。
Stephen、Love 和 Paterson（1994）报告说，各地市场的平均
费用存在很大差异，有些情况下会大幅上涨，有些情况下则会
大幅下跌。特别是，可以观察到，1989 年才有持照产权转让
人的市场的平均产权转让费到 1992 年已经上升。[8] 另一方面，
在 1989 年至 1992 年期间有持照产权转让人进入的一个市场，
两笔常见交易的转让费平均分别下降了 14% 和 23%。

Stephen、Love 和 Paterson（1994）也报告了就 1989 年

---

[8] 尽管比同期的通货膨胀率低。

116

及 1992 年持照产权转让人费用的调查。在这两年中，在持照产权转让人运营的市场中，持照产权转让人的平均费用低于事务律师的产权转让费用，尽管在这两年之间，在这些市场，持照产权转让人的费用相对于事务律师的费用有所上升。他们解释说，这些数据表明，在持照产权转让人威胁和初始进入后，似乎限制了事务律师的费用，但是已经进入后，事务律师的费用受到的限制减少了，持照产权转让人开始表现得更像事务律师那样，例如，其中更多的人在从事价格歧视（price discrimination）。然而，一般来说，持照产权转让代理人的费用低于事务律师的费用。这表明，在进入市场后，两类产权转让服务供应商之间存在着调和。[9]

英格兰和威尔士产权转让垄断地位的取消，以及创建受规制的持照产权转让业人在产权转让服务市场上与事务律师展开竞争，创造了一个相当明确的竞争性自我规制的例子。从这一经验中，我们可以获得什么样的见解来评估竞争自我规制作为自我规制性垄断职业问题的政策解决方案？显然，持照产权转让人进入当地产权转让市场的威胁，对这些市场中事务律师的行为产生了影响。产权转让价格实际下跌，事务律师在行为上似乎更有竞争力。然而，看起来实际进入对产权转让价格的影响要小于事务律师所做的广告的影响。此外，一旦进入，律师和持照产权转让人之间的调和似乎是一种惯例。与最初相比，新进入者的行为开始更像事务律师，即使平均收费更低。

---

〔9〕 自从这项研究开始以来，持照产权转让人事务所的数量不断增长，一些与房地产代理公司有关的全国性连锁企业也出现了。然而，根据持照产权转让人理事会主席的说法，到 2010 年，持照产权转让人占到产权转让市场的比例不到 15%。甚至在 2007 年《法律服务法》之前，持照产权转让人事务所可以为非持照产权转让人所有。用 2007 年《法律服务法》的话来说，它们总是可以是 ABS。

对广告限制的研究

第三章说明，对广告的限制可能成为限制法律服务市场竞争的一种手段。从 20 世纪 80 年代开始，在英国法律服务市场的自由化进程中，最早放宽的限制之一是对广告的限制。经济学家对这一举措的学术支持建立在 Stigler（1961）关于信息经济学的开创性论文上。人们对职业广告进行了大量的实证研究。在 20 世纪 70 年代和 80 年代，美国各州对验光师价格的多项研究测试了价格与广告限制之间的关系。[10] 在其他条件不变的情况下，这些研究总是比较有限制性广告规定的州和无限制性广告规定的州的平均价格。因此，它们属于上述讨论的第三种类型：多司法辖区的横断面研究。因此，它们没有检验价格和实际广告行为之间的关系，也没有真正测试 Stigler 的理论。

在 20 世纪 80 年代早期，包括第一个关于律师广告的研究，[11] 研究了做广告的律师事务所和不做广告的律师事务所的律师费。大多数调查结果显示，广告主的律师费要比非广告主的律师费要低，[12] 但是一些研究表明，非广告主的律师费和非价格广告主的律师费之间，没有什么差别。[13] Love 和 Stephen（1996）提出，这不仅间接测试了 Stigler's（1961）的假设，即某些律师事务所的广告活动将影响所有律师事务所的价格，无论它们是否做广告。

一个真正测试市场效应的研究是 Kwoka（1984）对验光

---

[10] 参见 Love 和 Stephen（1996）关于这些研究的讨论。

[11] Cox, DeSerpa and Canby（1982）.

[12] 就各个研究的进一步详细情况，see Love and Stephen（1996）. 这一普遍发现有一个例外，那就是做广告的人比不做广告的人收费更低。这是 Rizzo 和 Zeckhauser（1992）对内科医生的一项研究，考虑了选择效应。

[13] Bond et al.（1980）.

师的研究。Schroeter、Smith 和 Cox（1987）是第一个测试广告对当地服务市场中所有律师事务所收费的影响的研究。这项研究是第 2 种和第 3 种类型的混合，因为它涵盖了美国许多州的城市，这些州以不同方式贯彻了律师做广告的权利，但是他们通过对律师事务所的一项调查，估计了广告的实际水平和日常交易的价格。他们发现，在三种常规交易中的两种中，市场上的广告越多，市场上所有律师事务所的费用就越低。在第三种情况下，虽然估计的系数有来自 Stigler 假设的负号，但是它在统计学上不显著。这项研究没有区分价格广告和非价格广告。

　　20 世纪 80 年代中期，英国两个主要司法辖区的法律服务市场自由化，提供了审查广告在这些市场的影响的机会。第五章详细介绍了苏格兰、英格兰和威尔士的实际改革情况。从 1984 年起在英格兰和威尔士，从 1985 年起在苏格兰，允许做广告，但是有一些限制。Stephen、Love 和 Paterson（1994）报告了 1986 年、1989 年和 1992 年在英格兰和威尔士对律师广告的三次调查。Stephen 和 Love（1996）另外报告了在苏格兰相同年份使用相同方法进行的三次调查。[14] 这些调查显示，允许做广告大约两年后，46% 的英国事务律师事务所和 41% 的苏格兰事务律师事务所都做过广告。在 1989 年的调查中，苏格兰的这一比例升至 57%，而英格兰的这一比例则略有下降，降至 44%。到 1992 年，苏格兰的这一比例进一步升至 60%，英格兰升至 59%。这些数字表明，以前禁止广告的做法阻止了这些律师事务所做它们想做的事情。确实，对调查问题的回答清楚地表明，律师事务所做广告并不

---

〔14〕　在英格兰和威尔士的调查每年涵盖了同样的 27 个当地市场。在苏格兰的调查 1986 年涵盖了 8 个市场，1989 年涵盖了 29 个市场，1992 年涵盖了 50 个市场。

仅仅是因为其他律师事务所这么做。在英国，没有哪一年有超过 5% 的受访者表示这就是他们做广告的原因。对 1986 年英国数据的分析确实表明，较大的律师事务所更可能做广告。然而，这种关系在 1989 年或 1992 年都没有保持。

这些调查中收集的数据为分析广告对产权转让费的影响提供了基础，从而检验了 Stigler（1961）的广告信息假设。这一研究属于上述讨论的第二类研究。[15] 在 1986 年的两次调查中，都没有发现市场广告水平与产权转让费水平之间的统计关系。然而，Stephen（1994）报告说，1989 年调查对苏格兰产权转让费决定因素的分析表明，非价格广告水平与两笔交易中较低交易的收费呈显著负相关，而那些做广告的律师事务所在高价值交易中费用较低。前一个结果显示，一个市场上的广告水平每增加一倍，收费就会降低 7%。1989年，价格广告水平的变化对苏格兰的律师费没有显著影响。Stephen（1996）发现，1992 年苏格兰某地方性市场的价格广告水平对 2/3 样本交易的价格有显著的负面影响。就英格兰和威尔士，Love 等（1992）说明，1989 年事务所在市场上的非价格广告的比例的一个标准偏差增加了，导致律师费减少了 8.6%，而律师费广告的同样增加，将导致律师费减少 13%。

这些研究测试了不同广告模式的不同效果，考虑了媒体广告、增强黄页广告和价格广告之间的差异。并不是所有形式的广告都能在所有场合中对收费产生显著影响。然而，总的来说，它们确实表明，市场上的广告水平越高，市场上的所有费用就越低。英国的研究也表明，广告对产权转让费的影响大于取消产权转让垄断的影响。这些结果，再加上英国相对比例较高的事务律师事务所选择在被允许后做广告，表

---

〔15〕 对有着不同的亚司法辖区的放宽规制的司法辖区的研究。

明自我规制者对广告的限制不利于法律服务消费者的利益。

对律师费竞争的研究

第三章中认为，自我规制团体设定的收费标准是反竞争的，将律师费与交易价值挂钩是一种价格歧视。此外，有人指出，反不正当竞争主管部门（尤其是英国的反不正当竞争主管部门）认为，推荐性（而非强制性）收费标准可能与强制性收费标准具有同样的效果。然而，这些断言基于很少的实证证据。此外，经济学理论提出，卡特尔必须满足相当严格的条件，才能避免成员就卡特尔价格"宰人"。[16]

Ed Shinnick 和 Frank Stephen（2000）提出了来自爱尔兰和苏格兰的实证证据，以反驳这样的观点，即推荐性收费标准实际上是强制性收费标准的观点。这两组数据同样与产权转让费有关。苏格兰的数据来自于 1984 年发生的关于产权转让交易的事务律师收费记录。那时，还没有允许苏格兰事务律师做广告，事务律师的自我规制团体（苏格兰事务律师协会）公布了一份涉及产权转让的推荐性收费标准表。这些数据来自苏格兰若干地区的 55 家事务律师事务所。[17] 收费记录显示，50% 的购买交易费和 46% 的销售交易费被明确宣布有折扣，低于苏格兰事务律师协会推荐的收费标准。许多收费记录不仅说明了推荐性收费标准是多少，还说明除了产权转让外，还涉及其他法律服务。然而，使用了所涉财产的价值的统计手段，被用来推断根据推荐性收费标准应当收取多

---

[16] See Cohen and Cyert（I 965, pp. 245, 246）.

[17] 虽然这些事务所对有关调查的回复率很低，因此不是苏格兰事务律师事务所的随机样本，但是收费记录是从他们的记录中随机抽取的样本。事务所缺乏随机性，并不会否定使用收集的数据来检验这一观点：推荐性标准等同于强制性标准，因为任何低于收费标准的系统性折扣的证据，都是对这一观点的驳斥。

少费用。这表明，分别有 33% 和 35% 的购置费和销售费有折扣。因此，估计所有样本收费中，有 80% 以上的收费有折扣，因而低于推荐性收费标准。低于推荐性收费标准的平均降幅为：就销售而言，降幅近 20%，就购买而言，降幅约为 13%。

Shinnick 和 Stephen（2000）的爱尔兰数据来自于1994 年进行的一项产权转让费调查。共有 604 家事务所参与了调查，每个事务所都被要求就三个样本购买交易提供他们将要收取的费用。事务律师协会的购买交易推荐费用为购买价格的 1.5%。统计数字显示，就有关房地产价值，三宗交易每宗的平均收费均明显低于推荐性收费，而有些收费高于推荐性收费。

Shinnick 和 Stephen（2000）进行了进一步的统计检验，以确定折扣程度是否受到两个司法辖区当地市场条件的影响。在苏格兰，只发现一个市场[18] 在出售交易上有统计学上显著的不同于平均折扣的折扣，这意味着进一步的折扣。就购买而言,研究发现两个市场[19] 的"折扣"与平均值有显著差异。其中一个市场显示了高于推荐性律师费 25% 的溢价。对爱尔兰来说，三种样本交易的结果不同：对于价值最低的房产，有一个市场的溢价在统计上显著高于推荐性律师费，平均折扣在 10% 左右；对于中等价值交易（房产价值接近爱尔兰的平均房产价值），17 个市场对推荐性收费标准的平均折扣为9%，而其他市场的折扣在统计上差别很大，从 15% 至 21%不等；最后，在最高的收费样本中，有 26 个市场的折扣幅度约为 22%，而另外 3 个市场的折扣在统计上差异显著，约为11%。来自爱尔兰的证据表明，当地因素决定了推荐性收费的折扣水平。然而，Shinnick 和 Stephen 指出，折扣的这种

---

〔18〕 在有可用数据的 10 个中。
〔19〕 在有可用数据的 11 个中。

较大的可变性不能被解释为折扣是当地市场的市场力量的结果。这也将与当地卡特尔所确定的收费标准一致。与整个爱尔兰相比，在当地的小市场，监管这种由卡特尔决定的价格要更容易。

Shinnick 和 Stephen（2000）的实证研究结果，反驳了人们常说的推荐性收费标准与强制收费标准具有相同效果的说法。

对组织形式限制的研究

第三章指出，许多自我规制者限制了律师执业的组织形式。这些通常被反不正当竞争主管部门称为实体限制。英国公平交易局（OFT）多年来一直对实体限制持反对意见，理由是这是反竞争的，因为它们限制律师选择最适合他们的商业组织形式。有人认为，律师如果有选择的自由，就会选择最有效率的组织形式。[20]公平交易局一直特别批评英格兰、威尔士[21]和苏格兰[22]的出庭／诉辩律师执业规则，该规则要求出庭律师和诉辩律师必须是自雇单独执业者，不仅禁止与事务律师合伙，还禁止与出庭／诉辩律师的其他成员合伙。[23]OFT 采取的这一政策立场并非基于对任何绩效的实证研究。

英格兰和威尔士的机构设置和苏格兰的机构设置也没有任何区别。例如，参见苏格兰行政院规定的 OFT 职位（2006, pp. 88 and 89）。本文作者认为，诉辩律师协会禁止合伙并不

---

[20] See for example, OFT（2001）and Scottish Executive（2006）.

[21] 由出庭律师公会代表，直到其代表职能和规制职能分立，成立了出庭律师标准理事会。

[22] 由诉辩律师协会代表。

[23] 随着 2007 年《法律服务法》的通过，这一禁令在英格兰和威尔士有效地结束了。第七章和第八章将充分讨论 2007 年《法律服务法》的影响。

是反竞争，而是因为它禁止"混合双打"，这意味着一名资深诉辩律师不能在一名事务律师—诉辩者的陪同下出庭（see Scottish Executive, 2006, pp. 90-93）。

在苏格兰法律服务市场研究工作组报告（Scottish Executive, 2006）发表之后，Frank Stephen 和 Angela Melville（2009）对出庭律师协会的经济结构进行了研究。[24]虽然该研究不是对上述类型的统计学研究，但是它确实说明了在没有对制度背景进行实证研究的情况下，对自我规制团体进行先验批评的缺陷。公平贸易局提出的基本批评是，该规则使诉辩律师不能选择在合伙中执业，并因此使其无法获得基于规模经济的专业化、风险分散和成本分摊等群体执业的好处。然而，没有任何实证证据被引证来支持这些观点。Stephen 和 Melville 的研究的主要目的，是通过对诉辩律师协会成员进行访谈和分析诉辩律师协会内部运作的成本分摊机制来收集证据。

在转向 Stephen 和 Melville（2009）的细节之前，有必要先阐述制度结构。至少从 1562 年的苏格兰议会成立司法院开始，就有了诉辩律师协会。在现代，苏格兰的法律职业包括进行法庭诉辩的诉辩律师，他们还向代表委托人行事的事务律师——法律职业的另一个分支——提供咨询服务（称为意见）。

传统上，诉辩律师不直接与委托人打交道，而是通过委托人的事务律师。直到最近，苏格兰高等法院的出庭发言权还仅限于诉辩律师。事务律师只有在下级法院才有出庭发言的权利。然而，根据 1990 年《法律改革（其他规定）苏格兰法》第 25 条，苏格兰事务律师协会（规制事务律师）被授予

---

[24] 这项研究是由诉辩律师协会向曼彻斯特大学提供的研究基金资助的，该基金给予作者完全的出版自由。除了 Stephen and Melville（2009）这个作者为诉辩律师协会撰写的研究报告，一篇关于诉辩律师协会社会层化的学术论文也已经发表（Melville and Stephen, 2011）。

权力，任命经过额外培训和考试的事务律师—诉辩者这种事务律师，他们被授予在苏格兰所有法院出庭发言的权利。这些规定于 1993 年开始实施。因此，诉辩律师协会的成员失去了他们在高等法院出庭发言的垄断权利。2006 年有 460 名执业诉辩律师，而执业事务律师则有 9919 名。

　　事务律师和诉辩律师的教育和培训有很多共同点：他们都需要法律学位和法律实务文凭，并在事务律师事务所接受一段时间的培训。想成为诉辩律师的人需要与有经验的诉辩律师进行一段时间的训练（称为"见习"）并参加诉辩律师协会组织的考试。事务律师只要参加一定期间的见习和诉辩律师协会的考试，就可以成为诉辩者。反过来，现在诉辩律师成为事务律师（也就意味着成为事务律师——诉辩者）相对简单。[25]

　　Stephen 和 Melville（2009）确认几乎所有的新的诉辩律师（被称为入行者）以前都是事务律师。在他们进行研究之前的 3 年里，86% 的入行者以前都是事务律师。主要的例外是希望在这两个司法辖区都有资格的英国出庭律师。Stephen 和 Melville 报告了对一些最新的入行者的访谈，尤其是他们加入诉辩律师的原因。[26]大多数人，包括那些曾经是事务律师事务所合伙人的人，说他们想花更多的时间在法庭诉辩上。他们还表达了一种渴望，希望摆脱以团队为基础的执业，不再是"机器中的齿轮"。他们认识到作为诉辩律师单独执业的风险，但是认为这些风险是可以平衡的，因为他们知道自己的收入只取决于自己的技能和付出。

　　OFT 在对英国所有司法辖区的律师业中的单独执业行为

〔25〕　如果一个人在成为诉辩者之前是一名执业事务律师，情况尤其如此。笔者曾被告知一个案例，即这样的转变仅仅在一个周末就发生了。
〔26〕　此外，还采访了诉辩律师协会中更有经验的成员和诉辩律师协会的官员。

进行批评时称，这否定了群体形式的法律事务所伴随的风险分散和成本分担。Stephen 和 Melville（2009）指出，诉辩律师协会成员通过下列制度也得益于风险分担机制和规模经济，这就是"群团（stables）制度"，他们借此组团，由叫做诉辩律师协会服务有限公司［Faculty Services Limited（FSL）］的服务公司提供辅助服务。该公司完全由诉辩律师协会所有。FSL 通过群团为诉辩律师协会成员提供办事员、秘书及财务管理方面的支持。群团是由一个高级办事员和许多办事员支持的、由大约 40 个诉辩律师组成的团体。办事员不仅管理诉辩律师的日志，而且当事务律师要求诉辩律师为其委托人提供服务时，他们是向办事员而不是各个诉辩律师发出指示的。应该指出的是，所有入行者只要符合条件，就能保证得到群团成员的资格。[27]

Stephen 和 Melville（2009）获得了每个群团的财务数据（但是，出于保密的考虑，不是各个诉辩律师的财务）、诉辩律师律师费收入的汇总数据以及诉辩律师协会和 FSL 的融资机制。诉辩律师协会通常被描述为图书馆职业。大多数——不再是全部——诉辩律师在爱丁堡毗邻苏格兰最高法院的前苏格兰议会大楼的诉辩律师协会图书馆那里工作。[28]该图书馆自称是英国最好的法律图书馆。[29]

诉辩律师协会成员支付年费，其中有一小部分是固定的，

---

[27] 这与英格兰和威尔士新获得资格的出庭律师的地位不同，后者需要租赁出庭律师办公室。租赁权不受保证，完全由出庭律师办公室决定，特别是出庭律师办公室负责人——即资深成员——决定。这被公平交易局等视为进入英格兰和威尔士出庭律师职业的障碍。

[28] 关于诉辩律师协会的历史、组织和演变的更全面但是相对简短的概述，可见于：Melville and Stephen（2011）。

[29] 它受益于 1709 年被指定为版权图书馆这一特权，这样图书馆管理员有权要求获得在英国出版的每一本书。非法律藏品现在收藏在苏格兰国家图书馆。

另一部分与诉辩律师的律师费收入有关。Stephen 和 Melville
（2009, p. 17）说明了几年来在收入区间内的诉辩律师的数量。
这表明，各个诉辩律师的收入差异很大。它们还显示了每个
群团的成员的平均总律师费收入（Table 4, p. 18），从每年刚
刚超过 71 000 英镑到每年 302 500 英镑不等。它们还提供了
群团之间律师费用收入差异较大的证据。通过使用群团网站
的信息，以及 FSL 提供的信息，Stephen 和 Melville（2009）
说明，就群团收入的差异而言，有 75% 可以由代表群团成员
签发的收费记录数量和群团中王室法律顾问（silks[30]）的数量
来解释。反过来，每个群团中收费记数量变化的 85%，可以
由成员的平均经验年数、王室法律顾问的比例、专门从事刑
事审判的成员的比例以及专门从事商业事务的成员的比例来
解释。收费记录的数量与专门从事刑事审判的群团成员的比
例成负相关。Stephen 和 Melville（2009, p. 19）计算后认为，
如果每个诉辩律师协会成员的年费是统一的，那么提高同样
的会员收入就意味着，一个群团的平均律师费将增加 60%，
另一个群团的平均律师费将减少 75%。[31]因此，将诉辩律师
协会的会费与会员的总收入联系在一起，是风险分摊的一个
因素。

通过 FSL 提供的辅助服务还允许认购 FSL 的诉辩律师获
得规模经济的好处，这可以通过群体执业来实现。在 Stephen
和 Melville 进行研究时，诉辩律师协会共有 407 名订购会
员，其规模堪比该辖区内最大的事务律师事务所，这表明，
通过为诉辩律师群体执业，从规模经济中获益甚少。在进行

〔30〕　即王室法律顾问。大约 20% 的诉辩律师被任命为王室法律顾问（也被称
　　　　为资深者）。

〔31〕　这个计算是基于群团的成员支付的平均费用，因为研究人员只能获得每个
　　　　群团成员的总收入。考虑到群团内的个人收入存在的差异，各个诉辩律师
　　　　的收费的变化幅度甚至更大。

研究时，FSL 的资金来源是订购者从其律师费总收入中支付的 7.5% 的佣金。FSL 提供给 Stephen 和 Melville 的数据使他们能够计算出，如果佣金不是按律师费总收入收取，而是按每份收费记录（近似于每个案件）的固定金额收取，每个群团的成员的成本会是多少。如果是这种情况，一个群团的成员支付的佣金总额将必须增加 75%，而另一个群团的成员支付的佣金总额将减少 60%。同样，在诉辩个人层面上，重新分配的可能性会更大。基于律师费收入而不是工作量的认购，可以再次被视为风险分担的一种形式。

Stephen 和 Melville（2009）得出的结论是，公平交易局的说法，即没有事实证明，反对合伙之规则将否定诉辩律师的风险分担和规模经济的利益。然而，他们确实认为反对"混合双打"的规则是反竞争的。[32] 他们的结论是，如果这一规则被取消，成为一名诉辩律师还是成为一名事务律师的选择，将取决于个人的偏好，即是偏好作为有着风险和不确定性的单独诉辩律师来办理基于法院的实务，还是偏好作为共享收入并共担成本的事务律师事务所的事务律师—诉辩者来办理基于法院的实务。Stephen 和 Melville（2009）的报告被诉辩律师协会作为其意见的一部分，提交给了司法内阁大臣（the Cabinet Secretary for Justice），[33] 同时承诺取消反对"混合双打"的规则，以捍卫反对合伙的规则。苏格兰司法部长接受了他们的辩护。随后提交苏格兰议会的《法律服务（苏格兰）法案》，就诉辩律师职业，没有包括任何关于可选性商业结构的规定。

----

〔32〕反对"混合双打"的规则源于一项裁决，该裁决是由诉辩律师协会某前会长作出的，该规则禁止在一个案件中，由一名诉辩律师协会成员担任高级法律顾问，由一名事务律师—诉辩者担任初级法律顾问；see Scottish Executive（2006, pp. 67 ff）.

〔33〕苏格兰司法部长。

小结

本章考察了自我规制团体所选用的规制工具的影响的实证证据，以评估学术和政策文献中对这些工具使用的批评是否有效。

有证据表明，在英格兰和威尔士，通过设立有持照的产权转让人，通过规制竞争的方式消除事务律师对产权转让业的垄断，并不是完全成功的。进入威胁被认为是为了限制事务律师的费用，但是当进入实际发生时，事务律师和持照产权转让人之间的价格似乎达成了调和。虽然这一令人失望的结果可能是由于创建了一个只依赖一种服务形式的（准）职业的结果，但是应该警惕作为处理职业垄断权利的手段的竞争性自我规制可能具有的局限性。

另一方面，先前在苏格兰、英格兰和威尔士对律师广告的禁令限制了竞争，因为在禁令解除后，许多事务所抓住机会做了广告。此外，有证据表明，一旦允许投放广告，在当地市场投放的广告越多，产权转让费就越低。就英格兰和威尔士市场而言，可以看到广告在限制价格方面的作用大于持照产权转让人进入的作用。在英国的两个主要司法辖区，人们发现，产权转让市场上的广告水平越高，价格区别就越低。

在另外两个领域，调查发现，反不正当竞争主管部门的典型政策立场没有得到实证的支持。首先，公平交易局认为，由自我规制者公布的推荐性收费标准将与强制性收费标准具有相同的效果。这已经被证明并不适用于爱尔兰和苏格兰的产权转让市场。在这两种情况下，实际收费与推荐性收费标准存在相当大的偏差。其次，对诉辩律师协会的组织及其服务公司的资金来源的审视表明，诉辩律师们并没有像公平交易局所宣称的那样被诉辩律师协会反对合伙的规则剥夺群体执业之利益。

第三部分

"律师服务"的未来

第二部分介绍了英国和一些欧洲司法辖区的法律服务市场自由化的进程，并评价了自由化对英国的影响。该部分认为，特别是在英格兰和威尔士，规制竞争是政府战略的重要组成部分。然而，它还认为，在 2007 年《法律服务法》通过之前，规制竞争没有产生预期的影响。现在，第三部分转向分析 2007 年《法律服务法》的角色和对英格兰和威尔士律师服务性质的可能影响。它认为，2007 年《法律服务法》不仅显著提高和巩固了英格兰和威尔士的规制竞争，而且向非律师人员开放了律师事务所的所有权，这可能带来律师服务的"技术革命"。

第七章通过对作为 2007 年《法律服务法》的先导的 Clementi 审查、议会对该审查的讨论和其最终形式的审视，讨论了 2007 年《法律服务法》所预示的法律服务性质的根本性变化。它认为，2007 年《法律服务法》采用的特定的规制结构，旨在载入和加强英格兰和威尔士法律服务市场的规制竞争。本章讨论了规制竞争的性质。自该法通过以来，出庭律师标准委员会提出了在诉讼服务市场引入规制竞争的建议。

第八章认为，通过 2007 年《法律服务法》规定的可选性商业结构来扩展律师事务所的所有权，预示律师服务的"技术革命"。这些根本性的变化，被视为本书第一部分概述的规制视角变化和本书第二部分描述的英国规制过程变化的逻辑结果。非律师人员对律师事务所的所有权，让律师可以使用以前律师无法得到的商业模式。这种"技术革命"的一个后果是，法律服务个人消费者更可能依赖这些服务的品牌——而不是对律师的规制——来保证服务质量。

第七章 2007年《法律服务法》和对规制性竞争的促进

正如在第五章中所讨论的那样，英国被视为在法律服务市场规制方面采取了更为自由的方法的欧盟成员国之一。2007年《法律服务法》的规定的贯彻，允许建立所谓的非律师人员所有的"可选性商业结构（ABS）"，就可以据以提供法律服务的商业实体形式，让英格兰和威尔士成为英国最自由化的司法辖区。[1] 2007年《法律服务法》规定的 ABS 可以由非律师人员所有，而根据2010年《法律服务（苏格兰）法》，ABS 只有49%的股份可以由非律师人员所有。

2007年《法律服务法》和2010年《法律服务（苏格兰）法》的第二个特点是，它们将促进法律服务竞争作为规制目标。因此，这两个司法辖区的规制者都有义务促进竞争。就2007年《法律服务法》而言，这种竞争包括了规制竞争。该法引入的规制结构，主要是为了促进规制竞争。

本章讨论了英格兰和威尔士提供法律服务方式的变化的性质，这是 ABS 事务所的出现和规制竞争的促进的结果。下一章审视通过这些实体提供法律服务对所提供的法律服务的

---

〔1〕 参见第五章关于英国不同法律管辖区、权力下放的影响和适用于每个司法辖区的法律服务市场的政策发展的讨论。

性质的影响。

2007 年《法律服务法》的前奏

2007 年《法律服务法》是法律服务放宽规制的结果，正如第五章所讨论的那样，该过程始于 20 世纪 80 年代中期。然而，该法案更直接地遵循了英国政府对 Clementi 报告的回应（Clementi, 2004）。应大法官及宪法事务大臣的要求，David Clementi 爵士于 2004 年 12 月就法律服务的规制架构进行了审查，并在 2004 年 12 月作出了报告。David 爵士的职权范围如下：

研究在一个有效率、有效和独立的法律部门内，怎样的规制框架最能促进竞争、创新和公众及消费者的利益；推荐一个能独立代表公众及消费者利益、全面、可问责、一致、灵活、透明，而且不会有任何明显的限制或者负担的框架。（Clementi, 2004, p. 1）

在提出他的建议时，David 爵士谈到了三个主要问题：规制框架；投诉制度；当前商业结构的限制性。

早前的一份报告将当时的规制框架描述为"……过时、死板、过于复杂、问责和透明不足"。[2] 在 18 个月的审查时间里，David 爵士什么也没见到，这导致他不同意这一评估。他认为该体系存在缺陷，是因为一线规制者的治理结构"不当"，对它们的监督"过于复杂"和"不一致"（Clementi, 2004, p.1）。他认为，处理消费者对律师投诉的体系效率低下，监督团体的权力重叠，不太可能赢得消费者的信任，因为有关律师的投诉是在一个由律师运营的体系中处理的（Clementi, 2004,

---

〔2〕 Department for Constitutional Affairs（2003）.

p. 2）。律师被允许向公众提供法律服务的商业结构受到限制，因为不允许非律师人员成为股东，也不允许不同的律师[3]在平等的基础上一起工作。

虽然对事务律师和出庭律师的投诉制度的许多方面的不满是进行Clementi审查的主要因素，但是它们并非本章的重点。在第四章中已经讨论过它们，其中详细讨论了一个未能对英国事务律师的投诉进行适当调查的最令人发指的案件。在这方面，一言以蔽之，David爵士建议通过法律投诉办公室为所有法律职业建立一个单一的投诉制度，该办公室将属于拟议的法律服务理事会。法律投诉办公室将由一名外行担任主席，处理投诉人和职业人员之间未能通过律师事务所的内部投诉程序解决的投诉。[4]Clementi审查就英格兰和威尔士对律师的投诉提出的主要建议已被纳入2007年《法律服务法》。本章的重点是David爵士就规制框架和律师执业的商业形式提出的建议。

该报告将规制框架描述为一个"迷宫"。[5]法律职业的每个分支都有自己的规制者，其中一些规制者是该分支的代表

---

〔3〕 传统上，英格兰和威尔士有两种律师类型：主要是进行法庭诉辩和担任法律顾问的出庭律师；以及提供法律咨询、诉讼和财产所有权转让，但是可能只能在下级法院出庭的事务律师。一般来说，出庭律师不直接与委托人打交道，而是通过事务律师进行。自1990年《法院和法律服务法》颁布以来，事务律师在法庭上的出庭发言权利得到了扩大，其结果是，达到了诉辩技能和经验标准的事务律师，可以成为拥有高等法院出庭发言权利的事务律师—诉辩者。1985年的《司法法》创建了现在被称为持照产权转让人的"准职业"，他们与事务律师（出庭律师和公证人）一样可以为营利目的办理产权转让业务。就像下面将要讨论的那样。除了事务律师、事务律师—诉辩者和出庭律师，2007年《法律服务法》还提到了持照产权转让人、专利代理人、商标律师和法务员。

〔4〕 或者就出庭律师而言，出庭律师办公室。

〔5〕 "规制迷宫"这个词首次被Ann Abraham适用于法律服务领域。Legal Services Ombudsman in her annual report of 2000/01.

135

团体。在 Clementi 审查过程中发布的咨询文件确定了 18 个律师分支的规制者。在某些情况下，规制职能由不止一个团体或者公职人员分担。David 爵士区分了"一线规制者"和"监督规制者"，一线规制者是负责规制律师个人的人，而监督规制者主要规制一线规制者。

Clementi 审查考虑了规制体制的两种广义模式以及其中一种的变体。模式 A 将包括一个单一的规制者，直接规制为营利而提供受规制法律服务的所有律师。这个新的规制者（在报告中称为法律服务管理局）将取代所有现有的规制者，同时具有规制和代表职能的规制者[6]将恢复为只具有代表职能。另一种模式 B 将创建一个新的监督规制者（法律服务理事会），对现有的一线规制者进行监督（实质上是规制）。一线规制者将继续规制律师个人。然而，正如下面将要讨论的那样，由于 David 爵士提出的关于可选性商业结构（ABS）的建议，一线规制者也将成为律师工作所在的实体的规制者。根据 Clementi 的建议，实体规制成为英格兰和威尔士法律职业人员规制的核心特征。这与规制法律服务市场而不是规制职业人员 / 执业者的基本政策转变是一致的。

David 先生将模式 A 和模式 B 描述为"极化结构"（Clementi, 2004, p. 25），考虑到在规制功能中包含了不同的组成元素，它们可以以多种方式组合。事实上，David 爵士得出的结论是，最合适的模式是他称之为"B+"的模式。这种模式需要一个监督规制者，但是也要求一线规制机构将其规制职能和代表职能分开。有人认为，在一线规制者也履行代表职能的情况下，存在内在的利益冲突。虽然这可能意味着模式 A（即为所有"律师"设立一个完全独立于代表团体

---

〔6〕 例如事务律师协会，出庭律师公会。

的统一规制团体）可能是一个更好的解决方案，但是 David 爵士并不这样认为。

他认为，让各个一线规制者负责日常规制，将提高从业者对高标准的忠信，尤其是在行为规制领域。这也能清楚地显示法律职业独立于政府，许多对 David 爵士的咨询文件进行回应的人都强调这一点。单一的规制者将不可避免地成为一个庞大而笨拙的组织。然而，最重要的是，有人认为，虽然单一的总体规制者可以实现更大的一致性，但是这可能会以一致性为代价。这种"单一规制者可能导致的标准的精确一致性，可能并不总是符合公共利益，或者导致更大的竞争"。在达到最低标准的情况下，能在受不同规制规则约束的不同类型的供应商之间进行选择，被认为是很重要的（Clementi, 2004, pp. 33, 34）。[7]

我们必须认识到，在确定 David 爵士所建议的规制架构时，促进规制竞争扮演了相当重要的角色。在许多方面，通过选择模式 A，可以实现一个更简单、更容易理解的规制制度，它肯定会极大地简化"规制迷宫"。确实，很多人评论说，Clementi 审查提出的许多观点指向了模式 A 而不是模式 B。在 David Clementi 爵士在《法律服务法案》起草联合委员会作证时，Bach 勋爵探讨了这一点。[8] David 爵士的回应强调模式 B+ 的优势是，需要的过渡较少，并将引入一线规制者。他接着强调了规制竞争的好处。虽然过渡容易是模式 B+ 相对于模式 A 的明显优势，因为它会使主要的职业团体（出庭律师公会和事务律师协会）更能接受建议，但是报告在表达现

---

[7] 在回应 David 爵士的咨询文件时，出庭律师公会和持照产权转让人理事会认为，同一套规则不应适用于所有律师。这并不令人惊讶，因为两者的存在都是基于与事务律师的差异，而这种差异可能会在一个单一的规制机构下消失。

[8] Joint Committee on the Draft Legal Services Bill（2006b at Q 180）.

有制度优势方面保留了这一点。

    Clementi 报告标志着第一次严肃地试图约束法律服务提供商的规制者，以促进竞争。1990 年《法院和法律服务法》规定受权产权转让执业者理事会有"寻求在产权转让服务方面发展竞争"的一般职责。[9]然而，该理事会于 1992 年 3 月停止工作。1990 年《法院和法律服务法》的法定目标是"……通过提供新的或者更好的方式来提供法律服务……来发展法律服务……"[10]然而，这一点可能只是一种间接支持竞争的手段。虽然 1990 年《法院和法律服务法》起草者有明确的意图来促进产权转让市场的竞争，但是他们并没有就一般法律服务表达同样的意图。

    在 Clementi 审查之前，促进法律服务市场竞争被视为规制框架之外的一个竞争政策问题——是公平交易局、政府和职业团体之间正在进行的对话的一部分。审查后，促进竞争成为这一活动领域的规制政策的一部分。[11]这明显标志着从对各个职业人员的规制向对法律服务市场的规制转变。确实，要求某一职业的规制者去促进竞争是有些不合逻辑的，因为这将直接违背该职业的利益。只有当有一个监督规制者，它考虑的是公众利益而不是狭隘的生产者利益时，将竞争纳入规制目标才有意义。自从 Clementi 报告以来，人们更倾向于讨论"法律服务市场"（即使是在律师们拥有话语权的时候），而不是"规制职业"。

    监督规制者（法律服务理事会）和一线规制者（例如，出庭律师标准委员会）之间在竞争问题上的紧张关系，可以

---

[9]　Courts and Legal Services Act 1990, Part II clause 35（1）（a）.

[10]　CLSA1990, Part II clause 17（1）.

[11]　1（1）列出了规制目标，这包括（e），即促进服务竞争。

说是在 2012 年对法律服务理事会[12]三年一度的审查过程中
"爆发"了。出庭律师公会和出庭律师标准委员会提交审查的
证据十分尖锐地指出，法律服务理事会已经完成了它的使命，
应该解散：一套新的投诉体系已经建立；同时履行代表职能
的一线规制者已将其规制和代表部门分开：ABS 已通过作为
其颁照机构的一线规制者的批准成为现实。法律服务理事会被
指责试图对一线规制者进行微观管理。还有人表示，在 2007 年
《法律服务法》规定的规制目标中，法律服务理事会将"保护和
促进消费者利益"置于首位，而该法并未对该法 1（1）规定的
八个目标进行排序。

　　事务律师规制局提交的进行三年期审查的证据[13]，不那
么尖锐，但是要求将法律服务理事会的活动从批准、执行和
调查职能转变为监督职能。在其证据的第九段，事务律师规
制局提出，"法律服务理事会很重强调规制的主要目的……是
促进竞争……我们的观点是，这种强调太狭隘，《法律服务法》
第 1 条和第 28 条所列的所有因素，必须被视为一个平衡的一
揽子计划的一部分。"

　　尽管毫无疑问的是，2007 年《法律服务法》的立法历史
表明，该法的每个规制目标都具有同等的分量，但考虑到主
要一线规制者都是职业本身任命的，尽管每个一线规制者都
是外行占多数，也许需要监督规制者维护的，只是竞争和消
费者的利益。对一线规制机构的规制俘获仍然是一种明显的
可能性。与一线规制机构相比，法律服务理事会更重视竞争
目标，这或许是再自然不过的事情。

---

[12]　2010 年大选后上台的英国联合政府开始对所有非政府部门公共机构进行
　　　了审查。许多公共机构被合并或者解散。被保留下来的要接受三年一度的
　　　审查，以确定它们的继续存在是否有必要：see Ministry of Justice（2012.
　　　pp. 3, 4）.

[13]　See SRA（2012）.

规制竞争

Stephen（2008）认为，支撑 2007 年《法律服务法》的规制结构是英国法律服务市场竞争规制（或者规制竞争）的进一步发展。规制竞争被认为是克服自我规制的主要缺陷之一的一种手段（Ogus, 1995）。在本书的第一部分中，有人认为，在法律服务市场中，信息不对称和外部性，可以为规制提供强有力的理由，而且，由职业自己提供该规制，能够减少规制的成本。自我规制者将得到更好的信息，调整规制制度的成本将更低，被规制者可能会发现自我规制更容易接受。[14] 然而，在这样的制度下，有一种风险，即职业规制只考虑自身利益，而不是更广泛的社会利益。确实，John Kay（1988）将自我规制描述为规制俘获的终极形式。第四章的案例研究表明，律师个人和传统的自我规制团体有时会以自利的方式行事。在本书第一部分，证据已经说明，英国和欧洲法律服务市场为降低自我规制者为其成员的利益，而不是更广泛的社会利益而进行规制的能力，是如何自由化的。

规制竞争被认为是这一规制垄断问题的解决之道。[15] 由于规制者不止一个，消费者和生产商都有选择。事务所或者职业人员个人可以选择不同的规制者，这些规制者可以提供不同的方案，包括教育要求、执业规则和职业伦理标准。他们将能够选择在商业运营和性价比方面最适合自己需求的规制者。另一方面，法律服务的消费者将可以在不同的提供方式和不同的价格／质量权衡中进行选择。没有一个自我规制者会处于垄断地位，并利用这种地位为被规制者而非委托人

---

〔14〕 参见第三章。

〔15〕 See Ogus（1995）and below. Ogus 在第 102-107 页使用了"竞争性自我规制"这个词。

谋取利益。如果这种情况真的发生了，服务的消费者就可以转向提供（至少对消费者来说）更具吸引力的规制体制的提供商。规制者之间的这种竞争紧张关系，往往会确保没有规制者会利用自己的地位。

Anthony Ogus（1995）考察了他所谓的竞争性自我规制的三种变体：不受约束的市场竞争；独立机构帮助的竞争；为事后垄断进行的事前竞争。第三类涉及特许经营权（特别是自然垄断），不适合于法律服务行业。[16]

Ogus 的分析将正常市场竞争看作是生产者选择价格和质量组合的自我规制形式。质量在某种程度上受到行业标准的影响，但是最终是由生产企业的管理层选择的。其结果将是市场上各种价格和质量的取舍，消费者可以根据自己的偏好进行选择。然而，正如 Ogus 指出的那样，在存在外部性的情况下，这些价格/质量组合将不是社会最优的。[17]此外，生产者很难用容易理解的方式向消费者传达质量的信息。Ogus 认为，由于价格比质量更容易理解，这可能会导致一场价格上的竞次。Ogus（1995）没有考虑到已建立的品牌在传播质量标准方面的作用。品牌在克服这一问题中的能力将在第八章中进一步阐述。Stephen、Love 和 Paterson（1994）以及 Stephen 和 Love（1996）提出，重复购买法律服务的人（如银行和建房互助会）可以通过聘请符合其价格和质量标准的事务律师小组来履行这一职能。[18]一些会员组织已经有效地这样做了许多年，且随着 2007 年《法律服务法》的通过，其发

[16]　这种解决自然垄断问题的方法的现代起源是 Demsetz（1968），他将这一思想的起源归于 Chadwick（1859）。然而，Chadwick 的观点是，这种特许经营制度已经在欧洲其他地方的铁路上使用。自 20 世纪 90 年代初以来，在英格兰和威尔士的法律服务市场中特许经营被用于提供法律援助。

[17]　参见上文第三章关于法律服务市场外部性的讨论。

[18]　他们还讨论了银行和建房互助会作为供应商进入产权转让市场的问题。

展已经大大加快。

Anthony Ogus 提出的最后一种竞争性自我规制是独立机构协助的竞争。他考虑了建立一个独立的质量评级体系的可能性，类似于达到各种质量标准的酒店和餐厅星级，但是他认为，在服务是异质的情况下，实现这一点过于昂贵，并要求供应商调整以适应买方的具体需求。Ogus 考虑了许多其他可能性，但是强调指出，消费者始终难以区分相互竞争的规制者之间在质量上的差异，并提出可能需要求助于独立的公共机构。他指出，根据 1990 年《法院和法律服务法》的要求，自我规制团体的规制体制必须得到指定公共机构的批准。[19] 这些"第二层次"的规制者应当有双重职能。首先，它们应当促进各个规制者之间的竞争。其次，它们应当规定最低质量标准，各个规制者核准的供应商应当达到这些标准。根据 2007 年《法律服务法》，这两个职能已经赋予了法律服务理事会。该法规定的规制目标包括：促进法律服务业的竞争；保护和促进消费者的利益。[20] 根据 2007 年《法律服务法》第 2 章第 4 条，法律服务理事会的职责之一，是协助（各个规制者）维护和发展规制者关于保留的法律服务的提供者及其教育和培训的标准。

这些条款似乎涵盖了 Ogus 为一个"独立的公共机构"建议的权力，以确保竞争性的自我规制不会导致逐次竞争。然而，法律服务理事会的权力甚至比 Anthony Ogus 所设想的走得更远。它们的权力包括法律服务理事会本身可以成为 ABS 的颁照机构的权力。这一规定是为了确保，如果核准的规制者没有提出 ABS 颁照方案，这样的法律服务的提供者

---

〔19〕 但是，应当指出的是，1990 年《法院和法律服务法》的规定从来没有实施。

〔20〕 2007 年《法律服务法》，第 1 章第 1 条（e）和（d）。

仍然是可能存在的。

英格兰和威尔士存在规制竞争，但是在 2007 年《法律服务法》通过之前相对较弱。1985 年《司法法》引入了持照产权转让人理事会来核准提供产权转让服务的持照产权转让人，与事务律师进行竞争。就像第六章所讨论的那样，持照产权转让人起步相当缓慢，在 20 世纪 90 年代初，他们中的大多数受雇于事务律师事务所。Stephen 和 Love（1996）指出，当时持照产权转让人的影响有限，可能是由于他们只提供有限范围的服务，并且在维持有利可图的转让价格方面与律师有着相同的利益。他们的风险不像事务律师那样多样化。

尽管如此，与 1985 年《司法法》或者 1990 年《法律和法律服务法》的规定相比，2007 年《法律服务法》为规制竞争提供了更强有力的基础。公平交易局主席 Philip Collins 在向《法律服务法案》起草联合委员会提供的口头证据中明确提出了规制竞争的理由，他说：

> 欢迎法律服务理事会模式的另一个原因是，通过维持职业机构作为一线规制者的规制角色，法律服务理事会模式保留了规制者之间进行竞争的可能性。例如，供应商希望取得执照，作为 ABS 事务所提供服务，则可以就颁照机构进行选择，颁照机构之间的竞争将有助于确保这些团体的颁照制度高效，是使用者友好型的，且无不必要限制。法律服务理事会的监督将有助于确保颁照机构在制定必要规则时，适当平衡各项目标。(Joint Committee on the Draft Legal Services Bill, 2006b at 6 June 2006 and Q6)

然而，与许多非经济学家一样，联合委员会的成员发现规制竞争的概念令人非常费解。人们普遍认为，规制竞争将涉及逐次竞争，一线规制者竞相对其成员实施最不严格的规则，以吸引更多的成员脱离其他一线规制者。一个很好的例子是国会议员 Stephen Hesford 向 Philip Collins 提出的一系列问题（Joint Committee on the Draft Legal Services Bill, 2006b at 6 June 2006 and Q 44-9）。前者问：

> ……如果存在这种明显的良性竞争，即职业标准将会放宽，这可能会给职业的一些成员敲响警钟。是否有理由认为，由于健康的竞争促使其他因素进入规制参数，可能会导致职业标准放宽？（at Q 47）

Collins 先生在回答中没有指出，可能存在驱动质量提高的质量竞争，而是直接表示，这是将由法律服务理事会来处理的事项。许多出席竞争事务联合委员会会议的证人，与委员会报告的一样（Joint Committee on Draft Legal Services Bill, 2006a at paragraphs 331-7），有着与委员们一样的怀疑。令人惊讶的是，据报道，出庭律师公会支持规制竞争，尽管在过去它的观点相当保守。[21]当然，自 1990 年《法院和法律服务法》通过（如第五章所讨论的那样）以来，出庭律师和事务律师都有在英格兰和威尔士的高等法院出庭发言的权利。由于前者由出庭律师公会（以及后来的出庭律师标准委员会）规制，后者由事务律师协会（以及后来的事务律师规制局）规制，自 1990 年以来，在英格兰和威尔士的诉辩领域就出现了规制竞争。

服务特性与竞争性自我规制

规制竞争有可能在不同规制者提供的法律服务的特性上

---

[21] 出庭律师的代表团体。

产生差异。这些特性上的变化可以解释为质量上的变化。就规制竞争而言，法律服务"质量"上的差异是经济学家、律师和政策制定者之间的一个主要争议点。它通常与法律服务的商品化联系在一起。商品化的问题已经被一些论者视为2007 年《法律服务法》的负面后果，这将导致律师费的减少（Boon, 2010, p. 203）。法律职业的许多人认为，商品化与高质量的法律服务是对立的，并有助于它们的去职业化。这意味着每个委托人所要求的服务，对他或者她来说是特殊的。然而，如果以这种个性化／特殊的方式提供法律服务，提供这些服务的成本就会上升，而且可能会变得非常高，以至于潜在委托人无法负担。将法律服务限制在这样一个个性化（更不要说"镀金"）的水平，可能会使潜在委托人完全无法获得法律服务。[22] 矛盾在于这种服务方式可能导致法律需要得不到满足。律师代表团体和压力团体经常给人这样的印象，即他们宁愿委托人的法律问题得不到任何解决，也不愿得到一个不够"完美"的解决方案。换言之，他们认为在提供的服务和价格之间没有取舍。这是律师代表团体所采取的方针的结果，即其成员所提供的服务标准不会有任何差异，而且所有成员在法律的所有领域都具有相同水平的称职性，提供相同水平的服务。这种观点与专业化的好处背道而驰。[23]

只有一种服务水平，这种看法可以解释为什么一些法律决策者难以理解本章前面讨论的竞争性规制的概念。对他们来说，规制意味着所有的供应商提供同样的服务，而竞争性规制只能意味着一场竞次比赛。[24]然而，供应商规制框架的

---

[22] 确实，可以说，由国家提供法律援助资金，是所有的消费者（不论收入高低）都能享受到这种"镀金"服务的方式。

[23] 就支持和反对律师专业化的观点的讨论，see Moorhead（2010）.

[24] As noted by Ogus（1995）.

差异，可能导致它们所提供的服务的特性方面的竞争。从某种意义上说，这是出庭律师和事务律师所提供服务的区别的核心所在，特别是自从出现了事务律师—诉辩者以后。[25]出庭律师与事务律师在培训、执业组织形式和伦理规范等方面的不同，隐含着其在提供的法律咨询和代理方面的不同特性。

与此类似，自 1985 年《司法法》通过以来，事务律师和持照产权转让人都被允许为营利目的提供产权转让服务。不仅事务律师和持照产权转让人的培训不同，这两个职业的执业规则也不同，例如调整在房地产交易中为双方行事的规则。没有迹象表明，由持照产权转让人进行的转让比由事务律师进行的转让更不可靠。事实上，在许多情况下，当由事务律师事务所从事产权转让时，实际的工作将由持照产权转让人来完成，该持照产权转让人是该事务律师事务所的雇员。[26]

在向《法律服务法案》起草联合委员会提交的证据中，表达了对逐次竞争的担心。就像 Ogus（1995）预计的那样，2007 年《法律服务法》通过设定所有寻求规制保留的法律服务的提供者的或者为 ABS 颁照的团体都要遵守的最低标准，解决了这个问题。这些列在了 2007 年《法律服务法》第 1 章所包含的规制目标和职业原则中。

然而，正如第六章所讨论的那样，设立持照产权转让人并没有对产权转让服务市场产生重大影响，特别是在 1985 年《司法法》通过后的最初几年。随后持照产权转让人数量有所增加，但正如之前所说的那样，由于法律市场缺乏多元化，

---

[25] 1990 年《法院和法律服务法》引入的事务律师—诉辩者，是一种事务律师，这种律师获得了事务律师协会颁发的在高等法院出庭发言的资格，在刑事或者民事诉讼中，他或者她有权在指定的高等法院进行诉辩。

[26] See discussion in Stephen, Love and Paterson（1994）at p. 110.

使得产权转让活动对房地产市场的商业周期非常敏感。[27] 持照产权转让人理事会会申请成为遗嘱认证执业者的颁照机构，以扩大其受规制者所提供的法律服务市场的范围。这一地位是在 2008 年取得的。在 2011 年，只有大约 5% 的持照产权转让人也是持照遗嘱认证执业者。[28]

持照产权转让人理事会通过向法律服务理事会申请成为诉讼和诉辩领域的核准规制者，试图进一步拓宽法律服务市场，对执业者进行规制。鉴于首席大法官建议不批准该申请，法律服务理事会拒绝了该申请。[29]

如前所述，规制竞争的第二个来源是事务律师—诉辩者和出庭律师之间在诉辩领域的竞争。这两个法律职业分支之间的规制竞争可能进一步扩大，将保留的诉讼活动包括在允许出庭律师从事的工作类型中。出庭律师标准委员会——出庭律师的一线规制者——已经决定许可经验丰富的自雇出庭律师进行诉讼活动（BSB, 2012）。这改变了出庭律师界一直坚持的一项政策。2002 年，出庭律师公会发表了一份王室法律顾问 Sydney Kentridge 爵士担任主席的委员会的报告，以回应公平交易局的一份报告。Kentridge 报告（Bar Council, 2002）特别指出，允许自雇出庭律师进行诉讼将不利于竞争，并会增加委托人的成本。此外，出庭律师标准委员会还表示，它将向法律服务理事会申请批准为包括 ABS 在内的实体颁照。

---

〔27〕　根据持照产权转让人理事会主席 Anne Bradley，持照产权转让人现在占有住宅房地产市场的 10%-15%（speech to Westminster Legal Policy Forum Keynote Seminar: "Alternative business structures and the legal services market-impact one year on and future challenges", 18 October 2012）。

〔28〕　Reported in Smedley（2011）.

〔29〕　See LSB Decision Notice of February 2012 at:http: //www.legalservices-board.org.uk/what_we_do/regulation/rights_of_audience_and_litigation_application.htm.

然而，出庭律师标准委员会的立场是，它只希望成为专业实体的规制者。特别是，它认为，它在这些事项上的能力仅扩展到诉辩和附属服务，如咨询和（可能的）诉讼（BSB, 2010 at paragraph 88）。它起草了一份新的《出庭律师标准委员会手册》，[30] 该手册将列出允许自雇出庭律师提供诉讼服务的流程，以及允许"出庭律师专属实体"和法律行业执业机构等实体提供诉讼服务的流程。这些修改建议已于 2013 年 7 月获法律服务理事会批准，并将于年内生效。出庭律师标准委员会也在申请成为 ABS 的颁照机构，但是预计法律服务理事会将于 2014 年决定是否批准该申请（BSB, 2012）。出庭律师标准委员会早在 2011 年修正了其行为守则，允许出庭律师成为其他实体规制者（如事务律师规制局或者持照产权转让人理事会）规制的实体的管理人或者雇员。

出庭律师标准委员会申请颁发 ABS 执照的决定，违背了著名出庭律师对出庭律师公会参与规制此类实体的反对意见。当时的出庭律师公会主席 Stephen Hockman QC 向《法律服务法案》起草联合委员会口头作证时说，"……出庭律师公会暂时不太想给 ABS 颁发执照"（Joint Committee on the Draft Legal Service Bill, 2006b at Q 115）。大约 6 年后，在一场关于出庭律师标准委员会关于实体的建议的争论中，Hockman 先生继续反对由出庭律师标准委员会规制它们，理由是承认这种有非出庭律师所有者和管理者的实体，将导致事务律师主导出庭律师公会和律师会馆。[31] 这种观点与出庭律师标准委员会的观点相反。

---

〔30〕 出庭律师的行为及实务均受该手册规定的指引调整。

〔31〕 See the report of the debate in Legal Futures at http://www.legalfutures.co.uk/latest-news/bsb-wins-argument-case-entity-regulation（dated 12 July 2012 and last consulted on 25 February 2013）.

出庭律师标准委员会是出庭律师的指定一线规制者，现在其大多数成员都不是出庭律师。

出庭律师标准委员会提出，它所规制的实体将在结构上受到限制。它将要求其规制的所有实体至少有一名出庭律师管理者，该管理者也必须是所有者。此外，所有的所有者必须是管理者，换句话说，任何所有者都不能是"沉睡"的合伙人。此外，大多数管理者要么是出庭律师，要么是在高等法院享有出庭发言权的其他律师（例如事务律师—诉辩者）（BSB, 2011）。除了这些将适用于受出庭律师标准委员会规制的法律行业执业机构的条款外，出庭律师标准委员会最初还提议，对于受出庭律师标准委员会规制的ABS，非律师管理者的比例应限制在25%。在咨询过程结束后，出庭律师标准委员会修改了其提案，允许在出庭律师及其配偶是资产所有者且其配偶是活跃管理者的情况下，非律师人员拥有ABS股份的50%（BSB, 2012, p. 7）。

出庭律师标准委员会最初的观点是，在出庭律师标准委员会规制的实体中，所有所有者都应该是自然人。这大概是为了确保所有者能够积极参与实体的管理。然而，这一规定经修正后，允许若干个单个的出庭律师实体一起组成一个出庭律师办公室实体（BSB, 2012, p. 7）。

出庭律师标准委员会在某种程度上进入了实体规制。这将继续把它所规制的实体和其他一线规制者规制的ABS区分开来。这不仅与所适用的特定行为规则有关，还与所有者必须是积极的管理者的要求以及非律师一般不得超过25%的所有权股份这一限制有关。另一个对出庭律师执业继续的存在的限制是出庭律师不能持有委托人的资金，传统上，委托人的资金都是由进行指示的事务律师保管的。受出庭律师标准委员会规制的实体进入诉讼，给这一规则的延续带来了问题。

然而，实际上，通过允许将委托人资金的持有进行外包，这一问题得到了解决。新手册包含了这样的规则，即允许出庭律师和受出庭律师标准委员会规制的实体与受规制的金融组织签订合同，作为委托人资金的保管人。确实，出庭律师公会本身已作出安排，成立一家全资附属机构（BarCo）来运作这种支付系统（BSB, 20 I 2, pp. 6, 7）。[32] 然而，出庭律师标准委员会实体提案排除了规范多行业执业机构，即非法律职业成员是管理者和所有者的实体。

由于法律服务理事会批准了出庭律师标准委员会手册的修改，允许出庭律师进行诉讼，2007 年《法律服务法》所列的最重要的保留的法律活动的提供者，现在存在规制竞争：在法院的出庭发言权（BSB and SRA）；进行诉讼（BSB and SRA）；保留的文书活动，主要是产权转让（SRA and CLC）；遗嘱认证活动（SRA and CLC）。[33] 这些规制者采用不同的规制体制，提供服务的实体的性质也不同。因此，不仅在关键的保留领域内不同类型的律师之间存在竞争，而且提供这些服务的实体的性质在组成和所有权方面也有很大的不同。各个法律职业人员将可以选择在各种不同的规制体制中执业，从而形成不同的商业组织。与此类似，消费者也可以从提供不同特性服务的不同法律服务供应商中进行选择，这些供应商的服务可能有不同的价格。一线规制者会提供有关"质量"的保证信号，以支持消费者对不同特性 / 价格取舍的偏好。

小结

本章考察了 2007 年《法律服务法》在提高英格兰和威尔

---

〔32〕 See for more details:http://www.barcouncil.org.uk/for-the-bar/barco/.

〔33〕 其他的保留的活动是公证活动和主持宣誓。

士法律服务市场的规制竞争程度方面发挥的作用。有人认为，Clementi 审查中提出并在 2007 年《法律服务法》中被奉若神明的规制体制，是建立在促进规制竞争的基础上的。也有人认为，这样的规制制度反映了 Ogus（1995）倡导的规制竞争模式，因为它基于一线规制者，以及由监督规制者监督的法律职业的各个组成部分。

2007 年《法律服务法》以消费者利益和促进竞争为规制目标。这导致了两个一线规制者（事务律师规制局和出庭律师标准理事会）和监督规制者（法律服务理事会）之间的紧张关系，因为前者认为后者将消费者利益和促进竞争置于其他规制目标之前。本章认为，与那些半独立于它们所规制的职业的一线规制者相比，监督规制者将在其工作中将更重视消费者利益，这是可以预期的。

本章阐述了如果为一项保留的活动设立多个一线规制者，会如何导致受不同规制者规制的职业人员所提供的服务在特性上有所不同，以及他们所收取的费用会有所差异。这将导致不同一线规制者规制的律师在服务特性与价格之间的权衡上存在差异，进而将扩大消费者在法律服务方面的选择。在产权转让和执行工作中，这种规制竞争，存在于事务律师规制局和持照产权转让人委员会规制的律师和实体之间，在高等法院诉辩领域，这种规制竞争存在于事务律师规制局规制的事务律师—诉辩者和出庭律师标准理事会规制的出庭律师之间。最近批准的对出庭律师标准理事会手册的修改，将规制竞争扩展到诉讼领域，因为它们将授权出庭律师发起诉讼。因此，由事务律师规制局和出庭律师标准理事会规制的职业人员和实体都将提供诉讼和辩护服务。因此，这意味着三种最重要的保留的法律活动都将受到规制竞争的制约。

　　出庭律师标准理事会还提议取消长期以来受到强烈维护的禁止出庭律师在多律师实体执业的禁令。它也在寻求授权，以许可有着有限的非律师人员所有权元素的实体存在。

　　从 2013 年起，英格兰和威尔士的法律服务市场可能会出现规制竞争的显著扩大，只有时间才能证明这是否会给法律服务的消费者带来好处。

第八章 "律师服务"的技术革命？

　　前一章讨论了 2007 年《法律服务法》使规制性竞争得以扩展的问题。2007 年《法律服务法》的第二个影响是将律师事务所的所有权向非律师人员开放。规制性竞争的扩大在某种程度上代表了以前英国法律服务市场自由化努力的延续。通过创建一个以促进法律服务竞争为主要目标的总览规制机构，它给了规制竞争工作以更强的有效性。然而，本章认为，通过开放向非律师人员提供法律服务的实体的所有权，2007 年《法律服务法》创造了潜在的"律师服务的技术革命"。这可能是源于提供服务方面的创新，这些创新建立在其他部门开发的商业过程基础上，但是这些商业过程在公司之间不易转移。它还可能导致新的法律"产品"的开发。需要强调的是，这些规制变化及其影响的意义，远超英格兰和威尔士的法律服务市场的范围。它们使我们洞察到，在不考虑商业组织的驱动因素的情况下，在法律服务市场上处理竞争问题的局限性。

　　本章的第一部分讨论了"律师服务技术"，认为对律师事务所所有权的传统限制了可用于提供法律服务的技术，并抑制了法律服务本质上的创新。然而，2007 年《法律服务法》使英格兰和威尔士的律师服务技术创新成为可能。在回应了对 2007 年《法律服务法》允许的可选性商业结构的一些批评之后，本节以讨论品牌资本在为消费者提供优质法律服务保障方面所扮演的角色结束。本章第二节讨论了法律服务提供者可能为非律师人员的其他司法辖区的经验。第三部分报告了自 2007 年《法律服务法》通过以来，在英格兰和威尔士出现的替代性商业结构所采用的商业模式。最后一节总结了本章提出的论点。

律师服务的"技术"

本章的一个核心观点是，对律师事务所的组织形式和所有权的限制，意味着它们无法获得组织和生产技术，而这些本来可以改进它们向其委托人提供的服务。这里使用的"技术"一词，是经济学家所使用的广义上的技术：将投入转化为产出的技术。它包括（但是不限于）律师事务所对信息技术的使用。传统上，经济学家使用"生产函数"一词来描述投入到产出的转换。然而，这让人想起了将物质投入转化为物质产出的观点。[1] 在这里，"技术"被用作将物力、人力和组织资本、物质投入、服务程序和标准以及品牌结合在一起，以产生多维服务的方式的简称。在法律服务中，"产出"不限于法律"结果"，还包括委托人对律师或者律师事务所所提供服务的满意或者不满意，即服务特性。这个定义包括"组织技术"或者"商业模式"以及生产技术。从这个意义上说，技术上的差异不仅仅是输入的不同组合，它还包含了不同的输入组合的方法。事实上，在特性而不是数量上，一种技术的输出可能与另一种技术的输出不同。

法律服务的技术创新

Stephen（2002）曾用这种技术上的差异来解释 21 世纪

---

〔1〕 See for example Hay and Morris（1991, pp. 27-37）.

初英美[2]律师事务所和德国律师事务所之间的合并。与德国律师事务所相比，英国律师事务所在更具竞争力的司法辖区内发展出了一种更先进的技术。这导致了一种更像公司的商业模式的采用。[3]这种先进的技术使他们比德国律师事务所更具竞争优势。然而，德国律师事务所在特定司法辖区有具体知识和声誉。因此，英美律师事务所只能通过与德国律师事务所合并来利用他们在德国的先进技术。换言之，英美律师事务所能够通过其优越的技术，克服其有限的当地知识和声誉之劣势。

Stephen（2002）也使用了同样的分析模式来解释会计和咨询公司在德国法律服务市场的入侵。这些公司在规制不那么严格的会计和咨询市场开发了一种更高效的商业模式。由于德国司法辖区允许律师和会计师参与 MDP，国际会计师事务所得以与德国律师事务所合并，并在公司法律服务市场占据了相当大的份额。

Stephen（2002）报告的数据表明，到 2001 年底，德国大部分较大的法律执业机构由英美法系的律师事务所和国际会计师事务所的法律分支组成。

英美律师事务所使用的技术，可能被证明优于德国法律执业机构使用的技术，因为它是在竞争更激烈的法律环境中发展起来的。然而，这仍然是一种相对受限的竞争过程的结

---

〔2〕 在这里，"英美律师事务所"一词用来指具有国际业务的英美律师事务所。

〔3〕 例如，参见 Galanter 和 Roberts（2008）中对伦敦"魔法圈"律师事务所性质变化的讨论。他们将这些律师事务所进入欧洲的动力描述为英国商法市场的停滞，这里提出的观点是，使这种进入成为可能的律师事务所特有优势，源自于 Galanter 和 Roberts（2008, p. 170）描述的这些律师事务所在 20 世纪 90 年代"从现代的'职业'事务所形态转型为'新现代的'市场导向型律师事务所"。这种转变是如此之大，以至于"在 20 世纪的最后十年，律师事务所的外观和行为都变得更像国际企业"（p. 168）。有时，德国法律职业的做法被描述为"学术性"。

果。在许多司法辖区，法律实务已被限制为合伙形式（尽管现在有有限责任）。一些司法辖区允许律师通过公司业务工具执业，只要公司的所有股东都是合格的律师。这可能会限制律师事务所的发展，因为它限制了它们筹集资金的能力。更重要的是，由于合伙关系仅限于律师，不仅潜在的所有者/投资者仅限于具有法律资格的人，而且也排除了使用其他服务行业开发的潜在的先进技术。通常这些只能通过合并获得，因为它们隐含在业务流程和常规中。[4] 有些可能是隐性知识，但是有些可能是"剧本"或者组织手册等形式。这就是为什么合并是这一技术从一个组织转移到另一个组织的最可能的方式。

Gillian Hadfield（2008）认为，在法律服务的性质和提供上缺乏创新，可以追溯到美国对组织形式的限制上，因为美国律师协会在法律服务的提供、法律教育和律师据以提供服务的组织形式上保持着严格控制，创新受到抑制，也因为各个法学院和州的律师教育都非常相似，而且律师私人执业的组织是由有着类似教育背景和经验的律师主导或者组成的。

正如 Stephen（2002）在讨论英美律师事务所和德国律师事务所之间的合并时指出的那样，通过合并以外的方式转移业务组织技术，会使受让事务所面临机会主义行为。类似的问题也可能出现在一家律师事务所和一家拥有成熟商业模式的面向消费者的服务提供商之间。即使律师事务所愿意，也无法获得必要的组织知识，进而将自己转变为一个高效的消费者服务提供者，因为这种知识只隐性地存在于这样的组织中，它不能通过许可制度或者特许经营转让，而只有通过合并才能有效地获得。这样的合并在大多数司法辖区是不可能的，但是 2007 年《法律服务法》的通过使它们在英格兰和

---

〔4〕 就商业制度转移约束的进一步讨论，see Currell and Henderson（2013）.

威尔士成为可能。

　　律师事务所所有权限于律师的结果是，法律服务的性质和形式的创新有限。这种产品或者组织创新的实际缺失，几乎是法律服务行业所独有的。因此，观察到的这些律师执业时的商业组织不能被视为最佳形式（甚至在进化的意义上），因为规制剥夺了所允许的商业组织形式。

　　这不仅影响了提供"什么"法律服务，也影响了法律"产品"本身的性质。Bruce Kobayashi 和 Larry Ribstein（2011）认为，法律信息财产权的缺失，加上律师规制和伦理制度的性质，导致了一种个性化的法律服务形式，这种服务的成本越来越高。他们将法律信息产权的缺失称为"法律例外主义"。Kobayashi 和 Ribstein 认为，增加知识产权可能会导致法律信息产品的生产和竞争更激烈的市场的发展，这样将通过提高质量，减少对规制的需要。

　　在过去的 25 年里，美国对法律职业的严格控制在英国和欧洲可能没有得到同样程度的复制，但是在那之前，情况非常相似。自 20 世纪 80 年代中期以来，英国一直在为法律服务市场自由化进行艰苦的尝试。[5] 在欧洲大陆的许多司法辖区，律师控制在很大程度上仍然是这样。特别是自《里斯本条约》签署以来，欧洲委员会为律师（和其他职业人员）规制体制自由化作出了艰苦的努力。[6] 然而，这遭到了许多全国性律师协会、律师代表团体机构以及欧洲律师协会理事会的抵制。2007 年《法律服务法》提供了一个框架，允许英格兰和威尔士出现新的律师商业组织形式，这可能会改变律师和律师事务所提供的服务的性质和形式。

---

〔5〕　参见第五章关于撒切尔政府在 Mackay 勋爵任大法官期间的改革及其后续改革的讨论。See also Abel（2003）.

〔6〕　有关详情，请参阅第 5 章关于放宽规制的讨论。

　　综上所述，大多数司法辖区对律师事务所组织的约束，限制了提供法律服务的技术范围，因为它们的所有权结构受到了约束，排除了非律师人员的投资（和所有权）。律师事务所所有权向外部投资者开放，将使律师事务所获得专有商业技术，这将提高外部所有律师事务所的委托人获得的服务水平。David Clementi 爵士在报告中就此明确表示，"新的投资者可能不仅带来新的投资，还会带来有关如何以对消费者友好的方式提供法律服务的新想法"（Clementi, 2004, p. 115）。然而，这里提出的论点超出了法律服务提供商以更加"消费者友好的方式"运作的范围，包括服务产品创新，这些创新可能会改变法律"产品"本身的性质和可得性。

　　上述讨论的英美模式和注释 3 中的"魔法圈"事务所表明，大型国际律师事务所似乎开发出了适合其市场的优秀的商业模式。这些律师事务所仍然是合伙，没有非律师所有权人，然而，它们在行为上看起来像是国际企业（Galanter and Roberts, 2008, p. 168）。可以猜测的是，市场竞争的激烈程度和委托人复杂的需求，造就了它们截然不同的商业模式。 然而，关于美国最大的律师事务所的评论者，如 Ribstein（2010）、Kobayashi 和 Ribtein（2011）以及 Currell 和 Henderson（2013）认为，即使是这种商业模式可能也不是最优的。Gillian Hadfield's（2008）的观点超越了商业模式的创新，涵盖了"法律产品"的创新。这一观点主张的是，2007 年《法律服务法》可能预示着"律师服务"的一场技术革命。这种技术革命超越了信息技术使用和商品化，涵盖了律师所做的事情以及他们所提供服务的性质，它触及了法律服务的核心。到目前为止，它的定义是，无论是哪个律师为你服务，他们为你所做的都是一样的。在 2007 年《法律服务法》之后，这种情况可能会停止，那时，律师和那些拥有不同商业模式的人可以组成 ABS，这些模式可以被调整以提供法律服务。

在不同的法律服务市场，律师事务所商业模式的变化可能会有所不同。在以家庭为导向的市场中所发生的变化将与在商法市场中发生的变化有所不同。[7]

规制性竞争和技术革命问题

本章的前一小节及前一章概述了 2007 年《法律服务法》中两个更具创新性的条文的核心思想。这一小节现在将讨论与对有着非律师人员所有权的 ABS 的一些批评，并试图说明外部所有权和规制竞争相互支持的方式。

摘桃子

对 David Clementi 爵士的提议和 2007《法律服务法》提出批评的一些人认为，法律服务提供商的非律师所有者会来摘最赚钱的法律服务的桃子。他们会对福利法和住房法等法律领域特别感兴趣。[8]有人提出，通过摘有利可图的领域的桃子，ABS 将拿走商业街律师事务所工作中有利可图的领域，而法律援助律师本会用这些工作的盈利来交叉补贴那些不那么有利可图的领域。然而，这些批评者似乎在这方面混淆了利润和价格，不明白如何使用一种不同的"技术"可以把一个以前不盈利的业务领域变成一个有利可图的领域。虽然律师事务所收取的费用可能受到潜在委托人收入或者法律

---

〔7〕 特别是，跨司法辖区经营的国际律师事务所可能会受到海外司法辖区规制体制的限制。See for example the letter from the President of BRAK（Bundesrechtsanwaltskammer or German Federal Bar）to the Joint Committee on the Draft Legal Services Bill（2006b at p. 289）on ABS firms, 提出任何参加了英国 ABS 的德国律师在德国都将被取消律师资格。

〔8〕 See Joint Committee on the Draft Legal Services Bill（2006a）at paragraphs 301-04 and Joint Committee on the Draft Legal Services Bill（2006b）at Q 217,256,267 and Ev. 52 and 60.

援助费用较低的限制，但只有当律师事务所的成本相对于收费较高时，律师事务所才无利可图。商业模式的改变可以将这个不盈利的法律领域转变为盈利的法律领域。一个拥有全国性网络并有能力从内部福利和住房法律专业技能中获得规模经济的 ABS（换句话说，使用了不同的技术），是有可能使低价的法律咨询领域变得比现有的法律援助供应商更有利可图。例如，一家全国性的连锁超市或者银行，可能使用不具有资格的员工在商店所在地从委托人那里收集详细信息，并通过电子方式将这些信息传递给中心地点的专业律师或顾问。这些律师，作为这些特定法律领域的专业律师，将能够更迅速、更有效地处理这些问题，因此比商业街上的（非专业）律师事务所的成本更低。值得注意的是，合作法律服务（Co-operative Legal Services）作为首批获得事务律师规制局颁发的执照的 ABS 事务所之一，已经在家庭法和离婚方面提供法律援助服务。[9]

值得指出的是，商业街事务律师在就社会福利法提供准确法律咨询方面的记录并不是特别好。一份关于英格兰和威尔士的综合执业者和专业律师就社会福利和住房法向示范委托人提供的建议的研究说明，在相当多的情况下，综合执业者所提出的建议会对委托人的利益造成损害（Moorhead and Sherr, 2003）。

商业街律师事务所所面临的问题是，他们的律师在这些

---

〔9〕 Co-operative Legal Services 的法律援助和公共资助的法律工作，包括离婚，可见于：http://www.co-operative.coop/legal services/family-andrelationships/breaking-up/Ways-to-pay-for-our-service/public-funding-legaJ-aid（consulted on 5 March 2013）。然而，政府从 2013 年 4 月起取消了离婚和其他家庭法领域的法律援助。对于家庭事务有关的合作法律服务的公共资助的概述的修改和更新版，可见于：http://www.co-operative.coop/legalservices/family-and-re1ationships/breaking-up/Ways-to-pay-for-our-service/public-funding-legal-aid/（consulted on 12 July 2013）。

领域办理的案件可能相对较少，因此可能对这些领域的法律不熟悉。这显然增加了处理此类案件的成本。然而，受益于范围经济的全国性提供者，使用用于其他服务的分支机构场所，以及在这些领域有集中的专门知识，可能面临较低的费用。与典型的商业街事务律师相比，在这一领域处理大量的案件将提高专业技能。

上述两个因素造成的后果可能是，与商业街律师事务所相比，此类工作对于 ABS 事务所而言，将更有利可图，而且提供的建议对委托人利益的损害可能更小。ABS 事务所将受益于范围经济、规模经济和专业技能经济。有些人可能会说，这样的过程相当于法律建议的商品化，以适应 ABS 事务所的商业模式。然而，这可能是提高这种咨询意见质量的一种合乎费效比的手段。与传统商业街的事务律师事务所提供的服务相比，商品化这一术语通常意味着一种不同的、可能是次等的服务，但是在这种情况下，它可能代表一种优越、有利可图的服务。

法律服务的品牌资本

前一章认为，2007 年《法律服务法》中隐含的竞争性自我规制制度的思想起源可见于 Ogus（1995）。Anthony Ogus 提出了一个由公共机构监督的自我规制职业制度，其作用是确保设立一个下限，以确保竞争性的自我规制不会导致一场逐次竞赛。此外，Ogus 认为，由于职业人员和委托人之间的信息不对称，市场竞争不能作为法律服务市场的自我规制制度。所提供服务的信用品特性，意味着委托人无法判断"质量"，导致竞争只可能发生在价格上，在没有外部规制者的情况下，这可能会导致"逐次比赛"。

Ogus（1995）在一个脚注中表述道，"供应商长期积累了消费者对其声誉和品牌的信任，这在一定程度上缓解了问题……但是这在一次性交易中没有价值"。后续讨论的含义是，在本文所关注的市场中，"一次性交易"是典型的。这近似于个人法律服务市场的状况。然而，由于 2007 年《法律服务法》，ABS 事务所进入法律服务市场的可能性改变了这种情况。如果正如所希望的那样，在其他市场提供以消费者为中心的服务的具有丰富经验和声誉的公司，作为 ABS 进入个人法律服务市场，那么它们在这些其他市场的品牌和声誉很可能会延续到法律服务市场。

大型的多市场组织，如超市、银行和会员组织，如果它们在一个市场上以可靠性、服务质量和物有所值而获得了声誉，就有动机向其他市场扩张，在那里它们在品牌上的投资可能会产生额外的回报。就商业组织而言，有发达的经济学文献，许多的源流可以追溯到 Edith Penrose（1959）的开创性工作，这后来发展成为以资源为基础的公司理论，Ronald Coase（1937）和 Oliver Williamson（1975）将其发展成为公司的交易成本理论。这篇文献不仅说明了为什么公司会寻求在其他市场的声誉中获益，而且还说明了它们会对"一次机会主义市场"中的诱惑形成怎么样的约束。Andrew Griffiths（2011）最近利用了这一文献来更全面地阐释商业组织商标的作用。

一个消费者服务组织如果在一个市场上已经建立了强大的品牌形象和声誉，那么它就会避免在它扩张进入的任何新市场上提供低质量的服务而冲淡这种形象。因此，如果超市或者银行的品牌与为消费者提供良好的服务有关，有物有所值的声望，则在通过对 ABS 的所有权而进入法律服务时，存在这样的风险，即如果它为法律服务消费者提供了不足或者错误的建议，将会损害其品牌的价值。因在法律服务市场上的不良表现而引起的任何不利宣传，不仅损害了该组织在该市场上的声誉，而且也损害了它在其他市场上的声誉。因此，服务质量差或者服务不足所造成的损失，有可能超出该组织在法律服务部分造成的损失。

多市场消费者服务组织在进入新市场时，不仅能从其品牌声誉中获益，而且在新市场的表现对品牌声誉的潜在影响会约束其行为。用 Oliver Williamson 的术语来说，[10]整体品牌声誉为消费者提供了"人质"，这对消费者服务组织很有价值。因此，有强大的动机去劝阻那些成为 ABS 的消费者服务组织在提供法律服务时不要有投机行为。确实，可以说，它们的动机比那些在法律市场上的垄断性自我规制者的动机更强烈。另一方面，可能破坏其声誉的风险也许会使这样的消费者服务组织不愿涉足提供复杂的法律服务。法律服务理事会消费者小组收集的证据表明，消费者更信任超市，而不是律师。[11]

从规制的角度来看，对于在多个市场为消费者提供服务的 ABS 而言，在其为法律服务消费者提供服务时，2007 年《法律服务法》不仅通过提供受规制法律服务的规制者之间的竞争，还通过 ABS 品牌的所有者的自身利益，来保护法律服务的消费者。

其他司法辖区的经验

英格兰和威尔士并不是可以由非律师人员拥有的组织提供法律服务的唯一的司法辖区。本节探讨了其他一些司法辖区的经验。它特别地审视了上一节所预测的律师服务的技术革命是否已经在这些司法辖区发生。如果它还没有发生，要

---

〔10〕　就反对机会主义行为的人质问题，see Williamson（1983）.

〔11〕　See Legal Services Consumer Panel（2011）.

解释它为什么没有发生。我们首先审视澳大利亚司法辖区的经验，然后审视芬兰司法辖区的经验。

澳大利亚

在澳大利亚，法律职业的规制是由各州和领地与联邦政府共同管辖的。公司化法律执业机构（ILP）可以提供法律服务公司注册在公司法律中成为可能，在澳大利亚，新南威尔士州议会通过 2000 年《法律职业（公司化法律执业机构）法》和 2001 年《法律职业（公司化法律执业机构）条例》（2001年 7 月 1 日生效）后，根据一般公司法注册为公司化法律执业机构的事务所提供法律服务成为可能。[12] 在联邦政府和各州政府合作起草了一项"示范法"之后，所有州和领地通过了类似的允许公司化法律执业机构的立法。澳大利亚统计局（2009, Table 3.1）报告称，2007 年至 2008 年，澳大利亚估计有 2264 家公司化法律执业机构，占所有法律企业的 20%。这些 ILPs 雇佣了法律企业雇员的近 23%，创造了法律企业收入的 22%。在非公司化法律执业机构所雇用的人员中，出庭律师或者事务律师占近 50%，而在公司化法律执业机构所雇用的人员中，他们只占 34%。在非公司化执业机构中，执业出庭律师和事务律师与律师助理的比率为 4.2:1，而在公司化法律执业机构中，该比率则为 2.9:1。另一方面，非公司化执业机构的营业利润率为 33.8%，而公司化的法律执业机构的营业利润率仅为 26.2%。

2004 年 5 月，总部位于南威尔士的公司化法律执业机构 Slater & Gordon 成为第一家在证券交易所上市的律师事务所，当时它发行了价值 3500 万澳元的 1 美元股票（2000 万澳元

---

〔12〕 关于新南威尔士州公司化法律执业机构的发展的概述，可见于：Mark et al.（2010）.

已配售给了机构）。Parker（2008）报告说，截至交易结束，该事务所股价上涨了 40 澳分，2007 年 8 月，该事务所上年盈利 1070 万澳元，比预期高出 18%。随着澳大利亚其他州通过了允许公司化法律执业机构的法律，Slater & Gordon 开始在澳大利亚各地收购法律执业机构。2012 年，事务律师规制局根据 2007 年《法律服务法》认可了 Slater & Gordon 在英格兰和威尔士的 ABS 地位，并以超过 5300 万英镑的价格收购了英国人身伤害律师事务所 Russell Jones & Walker。[13]

与此同时，公司化法律执业机构在澳大利亚的数量持续增加。新南威尔士州法律服务专员报告说，2012 年 6 月 30 日，该州有 1200 个公司化法律执业机构，占所有法律执业机构的 20%。[14]昆士兰州法律服务委员会报告说，2012 年 7 月 1 日，昆士兰州有 454 个公司化法律执业机构，占该州法律执业机构的 28.4%。[15]截至 2012 年 11 月 30 日，维多利亚州共有 887 个公司化法律执业机构，占"法律实体"的 11.8%。在所有的法律实体中，单独执业者占 68%，而 238 家"律师事务所"占 3.2%。[16]澳大利亚绝大多数的公司化法律执业机构都很小。[17]事实上，许多是"单独执业者"，他们进行公司

[13] See http://www.rjw.eo.uk/latest-news/article/slater-gordon-and-rjw-join-forces-in-theuk-following-abs-licence-approval/3393/#axzz2KF7W8mNn.

[14] Office of the Legal Services Commissioner, Annual Report 2011-12 available at: http://www.olsc.nsw.gov.au/agdbasev7wr/olsc/documents/pdf/2011_201 2_annrep. pdf.

[15] Queensland Legal Services Commission 2011-12 Annual Report, p. 23. Available at: http://www.lsc.qld.gov.au/publications/annual-reports.

[16] See http://www.lsb.vic.gov.au/lawyer-search/practitioner-statistics/, visited on 7 February 2013.

[17] 例如，参见前注 14、16 的州规制机构报告。在撰写本书时（2013 年 2 月），昆士兰的最新规模数据包含在 2010 年 1 月 1 日的年度报告中。See also Parker（2008, p. 12）.

化是为了受益于有限责任和出于税收原因。[18]另一方面，一些是中等规模的执业机构，其他是全国性律师事务所（Mark, 2012）。公司化法律执业机构通常要求至少有一名董事是授权在相关州或者领地执业的法律执业者（OECD, 2007, p. 140）。

应该指出的是，在澳大利亚，产权转让可以由事务律师或者注册的产权转让人或者业主自己来进行（see OECD, 2007, p. 139）。

公司化法律执业机构中的事务律师个人，仍然受其州或者领地自我规制团体的职业规制。公司化法律执业机构作为实体，通常通过州法律服务委员会或者理事会进行间接规制，其主要职能是处理投诉。例如，新南威尔士州法律服务专员办公室负责监督该州的 ILP。就公司化法律执业机构的业务管理，该机构一直在积极开发一种自我评估方法，旨在在这些事务所内部建立一个"伦理基础设施"。Parker、Gordon 和 Mark（2010）报告了对该制度的研究。这项研究报告了非常积极的结果，即对公司化法律执业机构（特别是在完成了第一次自我评估后）的投诉要比对非公司化律师事务所的投诉要少。新南威尔士州法律服务专员办公室也鼓励寻求股票上市的公司化法律执业机构在其组织文件中包括职责等级：第一，对法院的职责；第二，对委托人的职责；第三，对股东的职责。已经上市的两个公司化法律执业机构在其组成文件中就包括了这样的职责等级（Mark, 2012, p. 21）。

银行、超级市场或者会员组织等商业组织似乎并没有利用公司化法律执业机构立法，在澳大利亚设立提供法律服务的附属机构。在新南威尔士州，银行或者其他商业组织雇佣的事务律师或者出庭律师只有在雇主成立了一个公司化法律

---

〔18〕 下文提出了这些原因：Mark（2012）.

执业附属机构，[19]并且事务律师/出庭律师是进行了注册并受雇于公司化法律执业机构的情况下，才被允许为其雇主的委托人提供法律服务。似乎还没有这类组织设立公司化法律执业附属机构。这表明，与外部所有权结合本身，并不足以促使这类商业组织进入澳大利亚的法律服务市场。州法律服务市场规模太小不太可能成为这方面的障碍，因为有许多银行在澳大利亚各地开展业务。然而，甚至澳大利亚的全国市场也没有大得足以吸引这些组织进入这个市场。LSB（2011b）在第18页讨论澳大利亚的状况时评论说：

> 总的来说，澳大利亚市场还没有出现大规模合并的趋势，也没有出现提供法律服务的全国性零售商。……这背后的驱动因素是复杂的，也没有被完全理解。它们可能与税收和规制方面的特殊问题以及澳大利亚的其他市场特征有关，例如人口密度、法律服务的需求类型和以州为基础的规制。

芬兰

正如第五章所讨论的那样，芬兰被广泛认为是法律服务市场最自由化的国家之一。诉辩律师（asianjaja）的职衔仅限于芬兰律师协会的成员，法律咨询可以由任何人提供。但是自2002年起，在民事法院代理当事人必须有法律硕士学位。[20]从2013年起，在有争议的法院民事案件中代理委托人的非诉辩律师必须获得认证。根据 Rosti、Niemi 和 Lasola（2008）的说法，银行和保险公司以及其他私人和非政府组织可以为他们的顾客提供法律建议，尽管他们不能代理委托人进行诉

---

〔19〕 2013年2月14日，与新南威尔士州法律服务专员 Steve Mark 的通信。
〔20〕 See Rosti, Niemi and Lasola（2008, p. 22）.

讼。简单的民事案件，尤其是家庭和财产法方面的案件，都由银行律师代表非商业委托人处理（p. 24）。[21] 一项对芬兰北部地区律师费的研究表明，银行律师的律师费平均比诉辩律师的律师费低 25% 左右。[22] 特别是房地产清册办公室，尤其是提供与家庭和继承有关的法律服务。一些房地产清册办公室与殡仪员办公室一起工作（p. 25）。还应指出的是，估计 75% 的芬兰家庭有法律费用保险。[23]

因此，在芬兰，银行和保险公司等消费者服务组织似乎在向家庭企业和小型企业提供法律服务。银行似乎主要参与了与财产和继承相关的无争议工作。然而，关于银行提供的法律服务与诉辩律师或者非银行律师提供的法律服务有何不同的研究很少，只有一项地域范围有限的研究表明，银行律师的收费平均低于诉辩律师的收费。也没有任何研究表明，银行等商业组织提供的法律服务是否影响了律师或者诉辩律师提供法律服务的方式。

值得注意的是，根据芬兰统计局 2013 年 1 月底发布的统计数据，芬兰司法辖区相对较小，人口不到 550 万，家庭单位略多于 250 万户。

2007 年《法律服务法》后英格兰和威尔士 ABS 事务所的出现

2007 年《法律服务法》在 2007 年 10 月 30 日获得了御准，但是第一个 ABS 直到 2011 年 10 月才获得批准。首先，

---

[21] See for example a list of property and asset division legal services offered by Pohjola Bank pie at https://www.pohjola.fi/pohjola/group?cid=39 1 1 34l25.

[22] Oulon laaninhalitus（2004）cited in Rosti, Niemi and Lasola（2008）at p. 24.

[23] Federation of Finnish Financial Services study cited in Rosti, Niemi and Lasola（2008 at p. 70）.

必须组建和任命"监督规制者"——法律服务理事会（LSB）。
这项工作于 2009 年 1 月 1 日完成，该理事会于 2010 年 1 月
1 日全面运作。随后，LSB 开始着手工作，确保一线规制者
遵守 2007 年《法律服务法》的要求。事务律师协会在事务律
师规制局（由外行担任主席）中重组了其规制职能，并在操
作上与事务律师协会分离。事实上，SRA 的建立先于 LSB。
SRA 成立于 2007 年 1 月。出庭律师标准理事会于 2006 年由
出庭律师公会成立，是英格兰和威尔士出庭律师的规制机构，
有一位独立主席。

虽然政府拒绝了联合委员会关于《法律事务法案》的建
议，[24] 即法案中与 ABS 有关的条款应分阶段引入，但是《法
律服务法》的贯彻方式正是这样做的。在该法的开始，法律
行业执业机构（LDPs）成为可能，第一个注册于 2009 年 3
月。截至 2011 年 6 月，这一数字接近 400 个。[25] 其中的大
多数情况是，事务律师事务所的非律师雇员成为所有者和管
理者，其他的法律行业执业机构涉及律师（律师和持照产权
转让人）。直到 2011 年 5 月，第一个一线规制机构才被授权
为 ABS 颁发执照，这就是持照产权转让人理事会（CLC）。
2011 年 6 月，SRA 被授权许可 ABS，但是直到 2012 年 3 月，
第一批 ABS 才获得许可。2011 年 10 月 6 日，持照产权转让
人理事会根据该法颁发了第一个 ABS 执照。[26] 事务律师规制
局在 2011 年 6 月被授权为 ABS 颁照，但是直到 2012 年 3 月
才有第一批 ABS 获得执照。第一批获得 SRA 授权的 ABS 包

[24] See Joint Committee on the Draft Legal Services Bill（2006a）at paragraphs 291, 294 and Table 5.

[25] See LSB（2011b, pp. 12-14）.

[26] 应当指出的是，在 2007 年《法律服务法》通过之前，CLC 规制的持照产权转让事务所能够有外部所有人，但是在该法通过后，它们必须申请 ABS 地位。

括合作法律服务公司（Co-operative Legal Services），该公司是英国合作集团（Co-operative Group）的法律部门，旗下拥有英国第五大连锁超市以及银行和保险业务。合作社集团由600万消费者成员拥有。合作法律服务的政策主管 Christina Blacklaws 在 2012 年 10 月的一次会议上表示，他们预计将在5年内新增3000名员工。[27] 这堪比 Clifford Chance 在全球的3400名"法律顾问"。[28] 早些时候的一篇文章[29] 援引该集团首席执行官的话，通过合作银行（Co-operative Bank）和不列颠建房互助协会（Britannia Building Society）的分支机构提供法律服务的试验，将扩大到所有 300 家分支机构。这篇文章还指出，这将在法律领域创造 3000 个就业机会。2007年1月以来，"在我们的整个银行房地产事务中，他们一直在通过一系列法律服务提供帮助"。[30] 英国媒体经常将 ABS 的出现称为"乐购法（Tesco Law）"，这是延续了以前一个大法官在演讲中的说法，他认为，自由化可能导致 Tesco[31] 提供法律服务。如果合作法律服务公司的说法中提到的扩张得以实现，它将更像是"合作法（Co-op Law）"。截至 2013 年 2月底，合作法律服务公司是唯一一家与零售连锁企业有关联、并已成为 ABS 的公司。

---

[27] Presentation at Westminster Legal Policy Forum on 'Alternative business structures and the legal services market - impact one year on and future challenges', 18 October 2012.

[28] http://www.cliffordchance.com/about_us.html（consulted on 13 March 2013）.

[29] Legal Futures, 24 May 2012, at http://www.legalfutures.eo.uk/latest-news/co-op-torecruit-3000-staff-as-it-bids-to-dominate-consumer-legal-market（consulted on 13 March 2013）.

[30] 2013 年 4 月 19 日与 Christina Blacklaws 的个人交流。

[31] 根据 Tesco 最新的年度报告，Tesco 是英国最大的连锁超市。

第八章 "律师服务"的技术革命？

对事务律师规制局的 ABS 登记簿的分析[32]表明，有 109 个取得执照的 ABS。截至 2013 年 2 月，共有 10 827 家律师事务所，这大约占其中的 1%。[33]这时还有 463 家法律行业执业机构。[34]2012 年 3 月，被批准的 ABS 数量开始增长变缓，但是一直在以或快或慢的速度增长。与澳大利亚的公司化法律执业机构一样，大多数成为 ABS 的事务所都是相对较小的事务律师的商业街事务所或者综合执业事务所（26%）。另有 18% 的事务所是人身伤害专家，6% 是索赔导向型事务所。[35]在这两类中，有些事务所为索赔管理公司所有，这些公司要么吸收了以前属于其事务律师小组的事务律师事务所，要么从零开始设立自己的法律附属机构。很大一部分（16%）的新 ABS 事务所将其委托人主要定位为企业。

在 2013 年 3 月初，ABS 牌照被授予了 BT Law Ltd，这是 BT 集团的一部分，该集团是英国一个主要的电信和互联网服务提供商。ABS 将与该集团旗下的汽车索赔子公司 BT Claims 相关联。这是继 2007 年《法律服务法》之后，品牌延伸战略扩展到法律服务领域的一个很好的例子。BT 的前身是英国电信（British Telecom），是一家私有化的实体，由英国前国有电话供应商发展而来。BT 声称是从该公司的车队管理子公司发展起来，为拥有车队的公司提供服务。BT Law 打算

---

〔32〕 笔者在 2013 年 3 月 13 日使用登记簿进行的统计。

〔33〕 Regulated population statistics, Breakdown of solicitor firms, February 2013 at: http://www.sra.org.uk/sra/how=we-work/reports/data/solicitor_firms.page.

〔34〕 Regulated population statistics, Legal Disciplinary Practices, February 2013 at: http://www.sra.org.uk/sra/how=we-work/reports/data/ldp.page.

〔35〕 基于对截至 2013 年 2 月 20 日获得授权的 94 家事务所的分析所得的百分比。

171

扩展到为公司客户提供公共责任和劳动法等服务。[36]另外两个大"品牌"预计将在 2013 年获得 ABS 的执照，这就是 AA 和 Saga。前者是汽车故障和保险供应商，以前被称为汽车协会，目前有 1600 万会员。它现在是私有的，由拥有 Saga 的同一家公司所有，该公司主要为 50 岁以上的人提供保险和旅游服务。这两个组织已提供法律文件组合服务，而 AA 的保险附属公司则透过事务律师小组提供法律服务。AA 虽然已经在申请 ABS 牌照，但是尚未决定如获批准，是否会使用其 ABS 牌照。[37]申请 ABS 执照的可能性在 Direct Line 首次公开发行（IPO）的招股说明书中有所提高，当时该公司出于竞争考虑，正在从苏格兰皇家银行剥离出来。[38]Direct Line 是一家金融和保险集团，号称是英国最大的直接汽车保险公司。

上述情况表明，最终将会出现大量以消费者为中心的 ABS。这些主要是零售企业，其服务涵盖围绕主要品牌建立的食品、金融和保险产品。这不仅意味着品牌延伸到法律服务，也意味着对法律实务传统模式的背离。这也适用于那些与索赔公司相关的 ABS。然而，许多 ABS 关注的是商业委托人而不是个人委托人，但是即使是这样，也有关于品牌延伸的证据。如果没有 2007 年《法律服务法》，这一切都不可能发生。

---

〔36〕 See BT press release of 4 March 2013 at: http://www.btplc.com/News/Articles/ShowArticle.cfm? ArticleID=2A29C4BB-5C5B-4EF3-861 F-7C00A0C6653B（consulted on 12 July 2013）.

〔37〕 Reported in Legal Futures on 3 October 2012 at: http://www.legalfutures. eo.uk/latestnews/here-come-brands-aa-applies-abs-licence（consulted on 12 July 2013）.

〔38〕 The Lawyer, 8 October 2012, at: http://thelawyer.com/direct-line-moots-abs-move-asmeans-of-improving-legal-expenses/1014770.article（consulted on 13 March 2013）.

小结

本章分析了 2007 年《法律服务法》允许非律师人员拥有律师事务所的后果。本章认为这可能会给律师服务带来一场技术革命。以消费者为中心的组织进入法律服务市场，意味着将会有一些法律服务提供商能够运用这些以消费者为中心的企业的商业模式。这将代表律师事务所技术的变革。这类品牌名称延伸至法律服务市场，为不常使用法律服务的人士提供了服务质量的"保证"，因为他们可能会认为这种保证比职业自我规制团体提供的保证更有价值。

有人认为，这种 ABS 可能获得规模经济和范围经济，从而能够提供价格低廉的住房和福利法律服务，并有利可图。由于业务量大，他们还可能受益于专业化经济，并能够提供比商业街律师事务所质量更高的此类服务。本文审视了允许法律服务供应商外部所有权的其他司法辖区的经验，以确定是否已经有商业组织进入。虽然没有证据表明消费者服务或者零售组织在澳大利亚建立了公司化法律执业机构，但是芬兰的银行向其委托人提供法律服务，特别是与财产有关的法律服务。研究证据显示，银行提供法律服务的价格比芬兰诉辩律师收取的价格低 25% 左右。

英格兰和威尔士的证据显示，截至 2013 年 3 月，许多大型消费品牌已经获得或者正在申请 ABS 地位。这种品牌延伸到法律服务领域的现象，也出现在以企业为导向的品牌和索赔事务所身上。这表明，一场律师服务的技术革命已经在英格兰和威尔士开始。

第九章 总结与结论

　　大多数司法辖区的法律服务市场都受到某种形式的规制。特别是，这些服务的供应受到规制供应商进入市场和供应商进行活动的方式的规定的限制。本书关注的是为什么会出现这种情况，如何规制行为，这种限制可能会产生什么影响，以及放宽限制会产生什么影响；还考虑了英格兰和威尔士 2007 年《法律服务法》对供应商所有权的限制放宽对法律服务的供应和性质的潜在影响。有人认为，这预示着法律服务领域的一场技术革命。

　　第一部分涉及的是"为什么？""如何？"和第一个"是什么？"的问题。第二章讨论了我们为什么要规范律师的问题。它考察了法律职业代表提出的传统论点，并以律师代表团体向英国垄断和合并委员会提供的证据为例证。这些都将对律师的规制与法治等更高层次的社会目标联系起来。它们还与律师对法院的职责有关。有人认为，这将律师的角色与商人的角色区别开来。本章接着讨论了规制法律服务市场的经济学理由。这主要是由于律师和委托人之间的信息不对称导致的市场失灵，后者通常很少使用法律服务。然而，如果委托人经常使用法律服务（例如大型商业组织），信息不对称问题就会减少。随后，对支持职业自我规制的论点进行了研究，这被视为是最符合费效比的规制制度。由于自我规制可被视为规制俘获的最终形式，有人提出，某种形式的规制竞争可能是可取的，以阻止自我规制组织为供应商而不是消费者和社会更广泛的利益进行规制。

第三章考察了"如何？"的问题。该章回顾有关法律职业规制工具的经济文献。这些限制包括准入限制（包括给予某一特定职业垄断权和进入该职业本身的限制），以及行为限制，包括广告、定价、与委托人签订的合同的性质以及允许律师执业的实体形式。这些以概念为主的文献被认为采取了这样的观点，即这些规制工具可能会被滥用，因为它们可以被用来限制竞争，并为该职业的成员产生租金。因此，尽管规制这些市场的经济理由是基于信息不对称导致的市场失灵，但是如果像大部分经济学文献中假设的那样，律师和他们的自我规制团体出于自身利益而不是更广泛的公共利益，这可能会产生效率低下的结果。这与第二章中所讨论的律师代表团体所赞成的较为温和的观点形成了鲜明对比。

第四章并没有基于假设或者意识形态立场来解决关于律师及其自我规制团体动机的不同观点，而是以实证方式探讨了这个问题：律师及其自我规制者的行为揭示了他们什么样的动机？本章基于了两项详细的实证研究，这些研究讨论了刑事律师如何应对与法律援助资助者之间合同的变更；主要考察了从通过成本加成合同支付报酬转为支付固定费用或者每件案件中一套标准费用的后果；发现了合同变更所带来的固定价格、开关、门槛和数量效应，所有这些都与律师对薪酬合同变更后激励变化的反应一致。这表明，律师的自身利益，而不仅仅是手头特定案件的要求，会影响他们处理案件的方式。

第四章还考察了关于律师自我规制团体的行为的两个案例研究。第一起案件涉及 20 世纪 70 年代，事务律师协会处理一名委托人投诉一位业内知名人士的案件——即 Glanville Davies 案。多年来，事务律师协会职业宗旨委员会多次驳回一名委托人对事务律师协会委员会的一名成员的收费过高和不称职的投诉。最终，法院做出了有利于委托人的认定，将这笔可观的律师费减少了 2/3。此后，该事务律师 Glanville Davies 先生被从事务律师名册上除名。评论者认为，这起案件表明，事务律师协会倾向于优先考虑会员的利益，而不是委托人的利益。第二个案例研究涉及苏格兰事务律师协会的主保险和担保基金。特别是，后者的存在是为了赔偿那些因其事务律师的不诚实而遭受经济损失的委托人。苏格兰法律投诉委员会资助的一个独立的统计研究发现，这样的索赔是否能成功，以及如果成功的话，实际赔偿占索赔金额的比例，实际受到提出索赔所在年度从该基金支付的赔偿总额的影响。因此，案件的结果被视为受到其本身是非曲直之外的事项的影响。换言之，协会及其成员的利益可能影响对基金的索赔的结果。

第四章所讨论的研究提出，事务律师个人的经济利益会影响他们处理委托人案件的方式，不能依靠自我规制团体完全出于法律服务消费者的利益而规制该职业成员的行为。因此，我们不能想当然地认为，事务律师个人不会利用他们与委托人之间的信息不对称，也不能想当然地认为，律师的自我规制团体会为了公众利益而规制其成员的行为。

这本书的第二部分讨论的是第二个"什么？"的问题：放开规制制度会有什么后果？第五章着眼于——首先是在英国，然后是一个欧洲司法辖区样本——法律服务市场的规制是如何自由化的。在英国，自由化的进程主要是由政治或者政策驱动的。在 20 世纪 80 年代，政府和反不正当竞争主管部门试图在法律服务的市场上促成更大的竞争：取消了收费标准，至少允许事务律师做广告，使规制竞争成为可能。在英格兰和威尔士，持照产权转让人这一准职业的出现，消除了事务律师在不动产产权转让中的垄断地位。出庭律师和苏格兰诉辩律师在两个主要司法辖区高等法院的诉辩垄断被打破了，每个司法辖区的事务律师协会都有权向经验丰富和训练有素的事务律师颁发事务律师—诉辩者执照，他们在其司法辖区的所有法院享有出庭发言权。2007 年《法律服务法》通过后，英格兰和威尔士的规制竞争制度也得到了加强，该法不仅将竞争确立为其规制目标，还创建了一个监督规制者，以设定各个自我规制团体需要达到的最低标准。

许多欧洲司法辖区的自由化进程采取了略有不同的道路，这些司法辖区的自由化是由法院判决驱动的。这些判决根据全国性和欧洲反不正当竞争法，限制了立法授权的反竞争做法。在西班牙和意大利等一些司法辖区，自由化的步伐比德国和法国等其他国家要慢。在法律服务市场进入方面，芬兰常被认为是欧洲最自由的司法辖区，但是该国的规制已有所收紧。

第六章考虑了第二个"什么？"问题：取消对法律服务市场竞争的一些限制会有什么后果？它审查了自 20 世纪 80 年代以来在英国司法辖区内采取的一些自由化措施的经验结果。本章还评估了（也是使用实证证据）英国反不正当竞争主管部门对一些剩余的所谓"反竞争"做法的说法。本章借鉴了本作者进行的许多实证研究。

正如第五章所讨论的那样，在英格兰和威尔士，持照产权转让人的引入打破了律师对产权转让的垄断。第六章回顾的研究表明，由此产生的规制竞争形式并不完全成功。虽然有迹象表明，持照产权转让人进入当地产权转让市场的威胁限制了事务律师的费用，但是一旦进入市场，持照产权转让人的费用相对于事务律师的费用有所上升，两个群体之间似乎已形成一种调和。相比之下，允许事务律师做广告的政策在英格兰和威尔士以及苏格兰似乎更成功，产权转让价格的研究揭示了这一点。在这两个司法辖区，很大一部分事务律师事务所都选择了做广告。当地市场上的广告水平往往会影响这些市场上所有事务所的产权转让价格。与持照产权转让人进入市场相比，广告在英格兰和威尔士地方产权转让市场的影响更大。在英国两个主要司法辖区发现，当地产权转让市场的广告水平越高，产权转让费的价格歧视程度就越低。这一实证证据表明，虽然行为规则的自由化是有效的，但是规制竞争的影响比希望的要少一些。

第六章报告了对苏格兰和爱尔兰的产权转让费的研究，以反驳反不正当竞争主管部门的说法，即推荐性收费标准与强制性收费标准具有相同效果。在这两个司法辖区，在推荐性收费标准存在期间，发现当地市场收费与推荐性收费标准有很大的偏差。本章还报告了一项对诉辩律师协会的研究，该研究挑战了公平交易局的观点，即诉辩律师协会禁止诉辩律师之间达成合伙，使得他们无法获得群体执业的成本和风险分担好处。研究表明，在根据各个诉辩律的律师费收入而提供办事员和财务管理服务的情况下，能获得这些好处。这两组研究表明，反不正当竞争主管部门在考虑行为限制时，应当更多地关注实证证据。

第三部分涉及的是英国法律服务市场自由化的最新立法，特别是 2007 年《法律服务法》。

在第七章中，有人认为 2007 年《法律服务法》扩大了英格兰和威尔士法律服务市场竞争规制的范围。这被认为是它采用 Clementi 审查建议的规制制度的结果。在议会对《法律服务法案》草案的审查和讨论中提出的论点支持这一结论。

本章还认为，这样的规制制度，即由一线规制人员负责规制职业的各个部分，再加上一个监督规制者，反映了 Anthony Ogus 若干年前倡导的规制竞争模式。该法还将法律服务市场的竞争作为其规制目标之一。这被认为导致了一线规制者和监督规制者之间的紧张关系，因为监督规制者强调促进竞争。

它还认为，对一项保留的法律活动有一个以上的一线规制者，可能会导致受不同一线规制者规制实体所提供的服务的特性不同。因此，律师服务特性和价格之间的关系很可能会出现差异，消费者的选择机会将会扩大。法律服务理事会于 2013 年 7 月批准了出庭律师标准委员会的提案，允许出庭律师从 2014 年 1 月 1 日起与诉辩律师一起提供诉讼服务。这一变化的结果是，从那一天起，三个最重要的保留的法律活动（产权转让、诉讼和诉辩）的市场将存在规制竞争。出庭律师标准委员会还提议取消一项长期以来一直受到强烈辩护的禁令，即禁止出庭律师在多律师组成的实体中执业。它还将寻求授权，为那些有有限的非律师人员所有权的实体颁发执照。

第八章涉及的是 2007 年《法律服务法》允许非律师人员拥有律师事务所的可能后果。这被描述为律师服务的一场潜在的技术革命，因为以消费者为中心的组织进入法律服务市场，将意味着一些法律服务提供商将能够采用这些组织的更有效的商业技术。

在传统的所有权限制下，这是不可能的，因为传统的所有权限制了创新经验的汇聚，并且因为隐性知识在律师事务所之间的转移存在困难。与行业自我规制团体相比，在消费者服务市场上享有声誉的品牌进入法律服务市场，将为不常使用法律服务的消费者提供更有价值的质量保证。也有人认为，以消费者为导向的 ABS 能捕获足够的规模经济和范围经济，能够提供价格低廉的住房和福利法律服务，通过专业化所提供的这种服务的质量，能高于目前商业街律师事务所提供的服务的质量。

本章还讨论了其他允许法律服务供应商的外部所有权的司法辖区是否有证据支持商业组织进入法律服务的可能性。虽然没有证据表明消费者服务机构或者零售机构在澳大利亚建立了公司化法律执业机构，但是芬兰的银行向其委托人提供法律服务，特别是与财产有关的法律服务。研究证据表明，银行提供的法律服务的价格比芬兰诉辩律师的服务价格低 25% 左右。

最后，本章考虑了大型消费品牌通过 ABS 进入英格兰和威尔士法律服务的程度或者拟议的进入程度。截至 2013 年 3 月，已经有很多品牌获得或者申请了 ABS 身份。类似的品牌延伸到法律服务领域也发生在以商业为导向的品牌和索赔事务所身上。结论是，在英格兰和威尔士的法律服务市场，一场律师服务的技术革命已经开始。

导言提出，这本书有两种可能的阅读方法：作为英国对法律服务市场的规制的公共政策的回顾，或者作为适用于法律职业的关于职业规制的经济学文献的回顾。从前者的角度可以看出，英国职业规制的演变很大程度上是由政策驱动的，并不是依靠法院，而是在立法的隐性威胁下与职业进行的谈判。在 20 世纪 80 年代，该政策首先集中于放松对价格竞争和广告的行为限制。然后，它转向在产权转让和高等法院诉辩领域创建规制竞争。在内部，事务律师的自我管理团体对委托人投诉程序进行了组织改革。虽然消除大多数广告限制似乎增加了竞争，尤其是在英国的两个主要司法辖区的产权转让服务市场，引入的规制竞争的形式，以及英格兰和威尔士事务律师投诉程序的变革，似乎都没有成功。这导致政府在英格兰和威尔士进行了 Clementi 审查。这项审查建议建立一套完全独立于各法律职业的关于整个法律职业的投诉制度。此外，它提出了更一般的规制结构，包括对律师个人和他们提供服务的实体的一线自我规制者，以及一个监督规制机构，它实际上要规制一线规制者。这只能被理解为一个规制竞争的延伸。Clementi 关于允许非律师人员取得提供法律服务的实体的所有权的建议，也可被视为认识到规制竞争本身不太可能弥补在提供法律服务的方法和法律服务本身的性质方面缺乏创新的问题。它为律师服务的技术革命提供了机会。消费者品牌进入法律服务市场，也为消费者提供了宝贵的质量保证，因为这样的提供商需要保护自己的品牌声誉。对消费者来说，与职业的自我规制相比，这种声誉保证可能更有价值。在以前由事务律师垄断的领域，给叫做 ABS 的外部所有的提供者颁发执照，使得外部所有权成为可能。关于第一年的情况的证据表明，个人和小型企业法律服务市场将会发生交付技术的变革和通过品牌延伸进行的"规制"。

这本书也可以被看作是对经济学驱动的关于职业规制的文献的回顾和评价，其证据来自于律师规制和放宽规制的领域，特别是在英国。规制职业服务的经济学理由，被认为主要依赖于由于律师和很少使用法律服务的人之间的信息不对称而导致的市场失灵。基于经济学的分析，通常假设所有的经济主体都是由自身利益驱动的，这显然与职业人员本身以及其他论者提出的观点相反。

本书没有依赖于这样的假设，而是依据实证研究揭示的律师实际行为证据。这些实证研究讨论了刑事律师如何应对法律援助报酬合同的变化。研究表明，这些律师的反应方式对他们自己有利。我们也不能假设，律师的自我规制者能够确保委托人的利益不受律师自利行为的影响，正如两个关于自我规制者行为的进一步案例研究所表明的那样。虽然根据费效比，职业自我规制被认为是合理的，但是也正如这一证据所表明的那样，它的运作具有为了职业利益而不是社会利益的可能性，使得其更普遍地引起了规制竞争的想法。来自英国法律服务自由化影响研究的实证证据，被用来评估关于职业自我规制的特定工具的后果的文献中的命题。证据表明，尽管允许广告有明显的好处，但是从实证研究来看，20 世纪80 年代英国引入的规制竞争带来的任何好处不是那么明显。证据还表明，推荐性收费标准并不像文献所说的那样，与强制性收费标准具有同样的效果。由于通过广告或者规制竞争带来的更大竞争，在法律服务的提供和性质方面缺乏重大创新，这表明需要采取其他方式促进创新。这里认为，2007 年《法律服务法》引入的允许非律师人员获得提供法律服务的实体的所有权，可能会让提供者的商业模式发生必要的变革。这可以被看作是对职业规制文献的批评，这些文献在很大程度上未能考虑传统职业的商业组织所隐含的商业模式。2007年《法律服务法》之后，以消费者为中心的组织进入或者预期进入法律服务市场，这样的证据支持了这种观点。这也表明，通过供应商保护品牌声誉的需要对其行为进行自我规制，可能比职业的自我规制更有益于消费者利益。

有迹象表明，英国律师服务预计发生的技术革命正在进行。这些创新是否会转移到其他司法辖区还有待观察。在欧盟内部，在开业自由和法律服务单一市场的情况下，这是可能的。然而，这很可能需要在法庭上对制定法授权的限制提出挑战。一些司法辖区的宪法法院给予单一市场竞争以优先权，是一个有希望的迹象，表明在长期内这是可以实现的。这种现象扩展到其他司法辖区的可能性似乎较小，尤其是在美国，因为州律师协会对州法院有影响力，州法院似乎支持基于州的限制。

参考文献

Abel, Richard L. (1986), 'The Decline of Professionalism', Modern Law Review, 49 (1), 1-41.

Abel, Richard L. (2003), English Lawyers between Market and State: The Politics of Professionalism, Oxford Socio-Legal Studies, Oxford: Oxford University Press.

Abel, Richard L. (2004), 'The Professional is Political', International Journal of the Legal Profession, 11, 131-56.

Abel, Richard L. (2005a), 'The Professional as Political: English Lawyers from the 1989 Green Papers through the Access to Justice Act 1999', in William L.F. Felstiner (ed.), Reorganisation and Resistance: Legal Professions Confront a Changing World, Oxford and Portland, Oregon: Hart Publishing, pp. 13-40.

Abel, Richard L. (2005b), The Making of the English Legal Profession, Washington, DC: Baird Books (reprint of The Legal Profession in England and Wales, Oxford: Basil Blackwell, 1988).

Akerlof, George (1970), 'The Market for "Lemons": Quality Uncertainty and the Market Mechanism', Journal of Political Economy, 84, 488-500.

Alpa, Guido (2010), 'Lawyers' Ethics in Italy - an Historical Treatment with some Comments on Recent Changes in Approach',

International Journal of the Legal Profession, 17, 309-18.

Arnauld, R.J. (1972), 'Pricing Professional Services: A Case Study of the Legal Services Industry', Southern Economic Journal, 33, 495-507.

Arrunada, Benito (1996), 'The Economics of Notaries', European Journal of Law and Economics, 3, 5-37.

Arrunada, Benito (2006), 'Managing Competition in Professional Services and the Burden of Inertia', in Claus Dieter Ehlermann and lsabela Atanasiu, European Competition Law Annual 2004: The Rela tionship between Competition Law and the (Liberal) Professions, Oxford and Portland: Hart Publishing, pp. 51-72.

Atanasiu, lsabela (2006), 'Introduction', in Claus Dieter Ehlermann and lsabela Atanasiu, European Competition Law Annual 2004: The Relationship between Competition Law and the (Liberal) Professions, Oxford and Portland, Oregon: Hart Publishing, pp. xiv-xxxv.

Australian Bureau of Statistics (2009), Legal Services, Australia, 8667.0, 2007-08, Canberra, May 2009.

Bailey, S.H. and M.J. Gunn (1996), Smith and Bailey on The Modern English Legal System, London: Sweet & Maxwell.

Bar Council (2002), Competition in Professions, Report to the Bar Council, (Kentridge Report), London: Bar Council, January 2002.

Bar Standards Board (BSB) (2010), The Legal Services Act 2007 Implications for the Bar of England and Wales Third consultation paper 'Regulating Entities', September 2010.

Bar Standards Board (BSB) (2011), Regulating Entities – Consultation Report: The Bar Standards Board's Response to

Regulating Entities: The Legal Services Act 2007: Implications for the Bar of England and Wales: Third consultation, May 2011.

Bar Standards Board (BSB) (2012), New Handbook and Entity Regulation & Supervision and Enforcement: Consultation Report, Decem ber 2012.

Baumol, William J., J.C. Panzar and Robert D. Willig (1982), Contestable Markets and the Theory of Market Structure, New York: Harcourt Brace Jovanovich.

Benham, Lee and Alexandra Benham (1975), 'Regulating through the Professions: A Perspective on Information Control', Journal of La.w and Economics, 18, 421-47.

Bevan, G. (1996), 'Has There Been Supplier-induced Demand for Legal Aid?', Civil Justice Quarterly, 15, 98-114.

Boigeol, Anne and Laurent Willemez (2005), 'Fighting for Survival: Unification, Differentiation and Representation of the French Bar', in William L.F. Felstiner (ed.), Reorganisation and Resistance: Legal Professions Confront a Changing World, Oxford and Portland, Oregon: Hart Publishing, pp. 41-65.

Bond, R.S., J.E. Kwoka, J.J. Phelan and I. Taylor Whitten (1980), Effects of Restrictions on Advertising and Commercial Practice in the Profes sions: The Case of Optometry, Washington, DC: Federal Trade Commssion.

Boon, Andrew (2010), 'Professionalism under the Legal Services Act 2007', International Journal of the Legal Profession, 17, 195-232.

Bowles, Roger (1994), 'The Structure of the Legal Profession in England and Wales', Oxford Review of Economic Policy, 10, 18-30.

Brazier, Margaret, Jill Lovecy, Michael Moran and Margaret Patton (1993), 'Falling from a Tightrope: Doctors and Lawyers between the Market and the State', Political Studies, XLI, 197-213.

Buchman, Louis B. (2002), 'The French Legal Profession: An Overview for foreign colleagues', paper presented to the Australian Bar Association Conference Paris, 9 July 2002, available at http:// oloumi.jurispolis.com/zia/form/fr_leg_syst.pdf.

Cape, Ed and Richard Moorhead (2005), Demand Induced Supply? Identifying Cost Drivers in Criminal Defence Work: A Report to the Legal Services Commission, London: Legal Services Research Centre, Legal Services Commission.

Caron, Alessandra (2008), The Legal Profession between Regulation and Competition, LUISS Guido Carli, Dipartimento di Scienze giuridiche, Rome: LUISS, January 2008.

Carr, Jack L. and G. Frank Mathewson (1988), 'Unlimited Liability as a Barrier to Entry', Journal of Political Economy, 96 (4), 766-84.

Carr, Jack L. and G. Frank Mathewson (1990), 'The Economics of Law Firms: A Study in the Legal Organization of the Finn', Journal of Law and Economics, 33, 307-30.

Carr, Jack L. and G. Frank Mathewson (1991), 'Unlimited Liability and Law Firm Organization: Tax Factors and the Direction of Causation', Journal of Political Economy, 99, 426-8.

Chadwick, Edward (1859), 'Research of Different Principles of Legisla tion and Administration in Europe of Competition for the Field as Compared with Competition within the Field of Service', Journal of the Royal Statistical Society (Series A), 22, 381-420.

CCBE (2010), Charter of Core Principles of the European

Legal Profession and Code of Conduct for European Lawyers, Brussels: Council of Bars and Law Societies of Europe.

Christie, David J. and Susan R. Moody (1999), The Work of Precognition Agents in Criminal Cases, Edinburgh: The Scottish Executive Central Research Unit.

Church, Jeffrey and Roger Ware (2000), Industrial Organization: A Strategic Approach, New York and London: Irwin McGraw-Hill.

Clarke, Roger, Stephen Davies and Nigel Driffield (1998), Monopoly Policy in the UK: Assessing the Evidence, Cheltenham and Lyme, USA: Edward Elgar.

Clementi, Sir David (2004), Review of the Regulatory Framework for Legal Services in England and Wales, London: Department of Consti tutional Affairs.

Clermont, K.N. and Currivan, J.D. (1973), 'Improving on the Contingent Fee', Columbia Law Review, 63, 529-639.

Coase, Ronald H. (1937), 'The Nature of the Firm', Economica (New Series), 4, 386-405.

Cohen, Harry (1986/87), 'The Necessity for Lawyers and The Law Society in England: A Lesson for the American Legal Profession', Journal of the Legal Profession, 11, 37-68.

Cohen, Kalman J. and Richard M. Cyert (1965), Theory of the Firm: Resource Allocation in a Market Economy, Englewood Cliffs: Prentice Hall.

Cox, Steven R. (1989), 'Advertising Restrictions among Professionals: Bates v. State Bar of Arizona (1977)', in J. Kwoka and L. White (eds), The Antitrust Revolution: The Role of Economics, Glenview, IL: Scott Foresman.

Cox, Steven R., Allan C. DeSerpa and William C. Canby Jr (1982), 'Consumer Information and the Pricing of Legal Services', Journal of Industrial Economics, 30, 305-18.

Cox, Steven R., John R. Schroeter and John R. Smith (1986), 'Attorney Advertising and the Quality of Routine Legal Services', Review of Industrial Organization, 2, 340-54.

Curran, Christopher (1993), 'The American Experience with Self Regulation in the Medical and Legal Professions', in Michael G. Faure, Jorg Finsinger, Jacques Siegers, and Roger Van den Bergh (eds), Regulation of Professions, Antwerp: Maklu, pp. 47-88.

Currell, Daniel and M. Todd Henderson (2013), Can Lawyers Stay in the Driver's Seat?, Institute for Law and Economics Working Paper No. 629, The Law School, The University of Chicago, January 2013.

Dana, James D., Jr and Kathryn E. Spier (1993), 'Expertise and Contin gent Fees: The Role of Asymmetric Information in Attorney Compen sation', Journal of Law, Economics, and Organization, 9, 349-67.

Danzon, Patricia M. (1983), 'Contingent Fees for Personal Injury Litiga tion', Bell Journal of Economics, 14, 213-24.

Darby, Michael R. and Edi Kami (1973), 'Free Competition and the Optimal Amount of Fraud', Journal of Law and Economics, 16, 111-26.

Demsetz, Harold (1968), 'Why Regulate Utilities', Journal of Law and Economics, 11, 55-65.

Demsetz, Harold (1969). 'Information and Efficiency: Another View point', Journal of Law and Economics, 12, 1-22.

Department for Constitutional Affairs (2003), Competition

and Regu lation in the Legal Services Market, London: Department of Constitu tional Affairs, July.

de Soto, Hernando (2000), The Mystery of Capital: Why Capitalism Triumphs in the West and Fails Everywhere Else, New York: Basic Books.

Dingwall, Robert and Paul Fenn (1987), "'A Respectable Profession"? Sociological and Economic Perspectives on the Regulation of Profes sional Services', International Review of Law and Economics, 7, 51-64.

Damberger, Simon and Avrom Sherr (1987), 'Competition in Conveyanc ing: An Analysis of Solicitors' Charges 1983-85', Fiscal Studies, 8 (3), 17-28.

Damberger, Simon and Avrom Sherr (1989), 'The Impact of Competition on Pricing and Quality of Legal Services', International Review of Law and Economics, 9, 41-56.

Emons, Winand (2000), 'Expertise, Contingent Fees, and Insufficient Attorney Effort', International Review of Law and Economics, 20, 21-33.

Emons, Winand (2007), 'Conditional versus Contingent Fees', Oxford Economic Papers, 59, 89-101.

Emons, Winand and Nuno Garoupa (2006), 'US-Style Contingent Fees and UK-Style Conditional Fees: Agency Problems and the Supply of Legal Services', Managerial and Decision Economics, 27, 379-85.

Ehlermann, Claus Dieter and Isabela Atanasiu (2006), European Com petition La,w Annual 2004: The Relationship between Competition La.w and the (Liberal) Professions, Oxford and Portland, Oregon: Hart Publishing.

EU Commission (2004), Report on Competition in Professional Services, Communication from the Commission, COM(2004) 83 final, Brussels: Commission of the European Communities, 9 February 2004.

Evans, R.M. and Michael J. Trebilcock (eds) (1982), Lawyers and the Consumer Interest, Toronto: Butterworths.

Fama, Eugene F. and Michael C. Jensen (1983a), 'Separation of Owner shlp and Control', Journal of Law and Economics, 26, 301-25.

Fama, Eugene F. and Michael C. Jensen (1983b), 'Agency Problems and Residual Claims', Journal of Law and Economics, 26, 327-49.

Faure, Michael (1993), 'Regulation of Attorneys in Belgium', in Michael G. Faure, Jorg Finsinger, Jacques Siegers, and Roger Van den Bergh (eds), Regulation of Professions, Antwerp: Maklu, pp. 89-124.

Faure, Michael G., Jorg Finsinger, Jacques Siegers and Roger Van den Bergh (1993), (eds), Regulation of Professions, Antwerp: Maklu.

Federal Trade Commission (1984), Improving Consumer Access to Legal Services, Report of Staff of the Federal Trade Commission, Cleveland: FTC, November 1984.

Felstiner, William L.F. (ed.) (2005), Reorganisation and Resistance: Legal Professions Confront a Changing World, Oxford and Portland, Oregon: Hart Publishing.

Fenn, Paul, Alistair Gray and Neil Rickman (2007), 'Standard Fees for Legal Aid: An Empirical Analysis of Incentives and Contracts', Oxford Economic Papers, 59 (4), 662-81.

Fenn, P. and N. Rickman (2010), 'The Empirical Analysis of

Litigation', in P. Cane and H. Kritzer (eds), Handbook of Empirical Legal Studies, Oxford: Oxford University Press.

Fenn, P. and N. Rickman (2011): 'The Empirical Analysis of Litigation Finance', in M. Tuil and L. Visscher (eds), New Trends in Financing Civil Litigation in Europe: A Legal, Empirical, and Economic Ana lysis, Cheltenham, UK and Northampton, MA: Edward Elgar.

Finsinger, Jorg (1993), 'Attorneys: Summary of the Cross National Comparison', in Michael G. Faure, Jorg Finsinger, Jacques Siegers, and Roger Van den Bergh (eds), Regulation of Professions, Antwerp: Maklu, pp. 377-94.

Fisher, Joseph M. (1988), 'Contingent and Noncontingent Attorney's Fees in Personal Injury Cases', Contemporary Policy Issues, 6, 108-21.

Fletcher, Amelia (2006), 'The Liberal Professions - Getting the Regula tory Balance Right', in Claus Dieter Ehlermann and Isabela Atanasiu, European Competition Law Annual 2004: The Relationship between Competition Law and the (Liberal) Professions, Oxford and Portland, Oregon: Hart Publishing, 72-84.

Forrester, Ian S. (2006), 'Where Law Meets Competition: Is Wouters Like a Cassis de Dijon or a Platypus?' in Claus Dieter Ehlerrnann and Isabela Atanasiu, European Competition Law Annual 2004: The Rela tionship between Competition Law and the (Liberal) Professions, Oxford and Portland, Oregon: Hart Publishing, pp. 271-94.

Friedman, Milton and S. Kuznets (1945), Income from Independent Professional Practice, New York: National Bureau of Economic Research.

Galanter, Marc and Simon Roberts (2008), 'From Kinship to

Magic Circle: The London Commercial Law Firm in the Twentieth Century', International Journal of the Legal Profession, 15 (3), 143-78.

Garicano, Luis and Thomas N. Hubbard (2007), 'Managerial Leverage is Limited by the Size of the Market: Theory and Evidence from the Legal Services Industry', Journal of Law and Economics, 50, 1-44.

Garicano, Luis and Thomas N. Hubbard (2011), 'Specialization, Firms, and Markets: The Division of Labor within and between Law Finns', The Journal of Law, Economics & Organization, 25 (2), 339-71.

Gilson, Ronald J. (1991), 'Unlimited Liability and Law Firm Organ ization: Tax Factors and the Direction of Causation', Journal of Political Economy, 99, 420-28.

Gilson, Ronald J. and Robert H. Mnookin (1985), 'Sharing among the Human Capitalists: An Economic Inquiry into the Corporate Law Firm and How Partners Split Profits ', Stanford Law Review, 37, 313-92.

Gravelle, Hugh S.E. and Michael Waterson (1993), 'No Win, No Fee: Some Economics of Contingent Legal Fees', Economic Journal, 103 (420), 1 205-20.

Griffiths, Andrew (2011), Economic Perspectives on Trade Mark Law, Cheltenham, UK and Northampton, MA, USA: Edward Elgar.

Grout, Paul A., Ian D. Jewitt and Silvia Sonderegger (2007), 'Governance Reform in Legal Services Markets', Economic Journal, 117, March, C93-113.

Hadfield, Gillian K. (2008), 'Legal Barriers to Innovation: The Growing Economic Cost of Professional Control over Corporate Legal Markets', Stanford Law Review, 60, 1689-732.

Halpern, Paul J. and Stuart M. Turnbull (1982), 'An Economic Analysis of Legal Fee Contracts', in R.M. Evans and Michael J. Trebilcock (eds), Lawyers and the Consumer Interest, Toronto: Butterworths.

Hay, Bruce L. (1996), 'Contingent Fees and Agency Costs', Journal of Legal Studies, 25, 503-533.

Hay, Donald A. and Derek J. Morris (1991), Industrial Economics and Organization: Theory and Evidence, 2nd edition, Oxford: Oxford University Press.

Helland, Eric and Alexander Tabarrok (2003), 'Contingency Fees, Settle ment Delay and Low-quality Litigation: Empirical Evidence from Two Data Sets', Journal of Law, Economics, and Organisation, 19, 517-42. Helligman, K. (1993), 'An Economic Analysis of the Regulation of Lawyers in the Netherlands', in Michael G. Faure, Jorg Finsinger, Jacques Siegers, and Roger Van den Bergh (eds), Regulation of Professions, Antwerp: Maklu, pp. 147-94.

Henssler, Martin and Laurel Terry (2000/01), 'Lawyers without Frontiers - A View from Germany', Dickinson Journal of International Law, 19, 269-99.

Herrmann, H. (1993), 'Regulation of Attorneys in Germany: Legal Framework and Actual Tendencies in Deregulation', in Michael G. Faure, Jorg Finsinger, Jacques Siegers, and Roger Van den Bergh (eds), Regulation of Professions, Antwerp: Maklu, pp. 225-48.

Herrmann, Harold (2006), 'Antitrust Law Compliance and Professional Governance: How can the European Commission Trigger Competitive Self-regulation', in Claus Dieter Ehlermann and Isabela Atanasiu, European Competition Law Annual 2004: The Relationship between Competition Law and the (Liberal) Professions, Oxford and Portland, Oregon: Hart Publishing, pp. 101-30.

Holen, Arlene S. (1965), 'Effects of Professional Licensing Arrangements on Interstate Labor Mobility and Resource Allocation', Journal of Political Economy, 73, 492-8.

Hudec, Albert J. and Michael J. Trebilcock (1982), 'Lawyer Advertising and the Supply of Information in the Market for Legal Services', University of Western Ontario Law Review, 20, 53-99.

Jackson, Rt Hon. Lord Justice (2010), Review of Civil Litigation Costs: Final Report, 2009, London: Stationery Office.

Johnson, E. (1981), ' Lawyer's Choice: A Theoretical Appraisal of Litigation Investment Decisions', Law and Society Review, 15, 567-610.

Joint Committee on the Draft Legal Services Bill (2006a), Draft Legal Services Bill, Volume I: Report, House of Commons, House of Lords, Session 2005-06, HC 1154-I, HL Paper 232-I, London: HMSO.

Joint Committee on the Draft Legal Services Bill (2006b), Draft Legal Services Bill, Volume II: Evidence, House of Commons, House of Lords, Session 2005-06, HC 1154-II, HL Paper 232-II, London: HMSO.

Joskow, Paul L. and Nancy L. Rose (1989), 'The Effects of Economic Regulation' , in Richard Schmalensee and Robert D. Willig (eds), Handbook of Industrial Organisation Vol. II, Amsterdam: Elsevier Science Publishers, pp. 1449-506.

Justice Committee (2010), 4th Report, 2010 (Session 3), Stage 1 Report on the Legal Services (Scotland) Bill, S P400, Edinburgh:

Scottish Parliament.

Kay, John A. (1988), 'The Forms of Regulation', in Arthur Seldon (ed.), Financial Regulation - or Over-Regulation, London: Institute for Economic Affairs, pp. 33-42.

Kilian, Matthias (2010), 'German Chocolates, Austrian Trainees, Swiss In-House Counsel and More: Correspondent's Report from Europe', Legal Ethics, 220-22.

Klein, Benjamin and Keith B. Leffler (1981), 'The Role of M arket Forces in Assuring Contractual Performance', Journal of Political Economy, 89, 615-41.

Kleiner, Morris M., Robert S. Gay and Karen Greene (1982), 'Barriers to Labor Migration: The Case of Occupational Licensing', Industrial Relations, 12, 383-91.

Kobayashi, Bruce H. and Larry E. Ribstein (2011), Law 's Infonnation Revolution, Illinois Law, Behavior and Social Science Working Papers Series, Working Paper No. LBSS 11-03, University of Illinois College of Law, January 2011.

Kritzer, Herbert M. (1990), The Justice Broker: Lawyers and Ordinary Litigation, Oxford: Oxford University Press.

Kritzer, Herbert M., Austin S arat, David Trubek, Kristin Bumiller and Elizabeth McNichol (1984), 'Understanding the Cost of Litigation: The Case of the Hourly-Fee Lawyer', American Bar Foundation Research Journal, 3, 559-604.

Kwoka, J. (1984), 'Adverti sing and the Price and Quality of Optometric Services', American Economic Review, 74, 211-16.

Law Society Research Unit (2012), Trends in the Solicitors ' Profession: Annual Statistical Report 2011, London: Law Society.

Law Society Strategic Research Unit (2000), Trends in the

Solicitors Profession: Annual Statistical Report 2000, London: Law Society.

Lees, D.S. (1966), The Economic Consequences of the Professions, London: Institute of Economic Affairs.

Leffler, Keith B. (1978), 'Physician Licensure: Competition and Monop oly in American Medicine', Journal of Law and Economics, 21, 165-86.

Legal Services Board (LSB) (201la), Understanding the Economic Rationale for Legal Services Regulation - A Collection of Essays, London: Legal Services Board, March 2011. Available at: http://www. legalservicesboard.org.uk/news_publications/latest_news/pdf/economics_of_legal_services_regulation_discussion_papers_publication_final.pdf.

Legal Services Board (LSB) (201lb), Research Note: The Legal Services Market, London: Legal Services Board, August 2011.

Legal Services Consumer Panel (2011), Consumer Impact Report 2011, London: Legal Services Board.

Legal Services Review Group (2006), Legal Services in Northern Ire land: Complaints, Regulation, Competition, Belfast: Department of Finance and Personnel.

Leland, Hayne E. (1979), "Quacks, Lemons, and Licensing: A Theory of Minimum Quality Standards ', Journal of Political Economy, 87, 1325-46.

Levmore, Saul (1993), 'Commissions and Conflicts in Agency Arrange ments: Lawyers, Real Estate Brokers, Underwriters, and Other Agents' Rewards' , Journal of Law and Economics, 36, 503-39.

Lord Chancellor's Department (1998), Access to Justice with Conditional Fees, London: Lord Chancellor's Department.

Lovdahl Gormsen, Liza (2007), 'The Conflict between Economic Free dom and Consumer Welfare in the Modernisation of Article 82', European Competition Journal, 3, 329-44.

Love, James H. and Frank H. Stephen (1996), 'Advertising, Price and Quality in Self-regulating Professions: A Survey', International Jou r nal of the Economics of Business, 3, 227-47.

Love, James H., Frank H. Stephen, Derek D. Gillanders and Alan A. Paterson (1992), 'Spatial Aspects of Deregulation in the Market for Legal Services', Regional Studies, 26, 127-47.

Lueck, Dean, Reed Olsen and M ichael Ransom (1995), 'Market and Regulatory Forces in the Pricing of Legal Services', Journal of Regulatory Economics, 7 (1), 63-83.

Lynk, Wi lliam J. (1990), 'The Courts and the Market: An Economic Analysis of Contingent Fees in Class-Action Litigation', Journal of Legal Studies, 19, 247-60.

Marcos, Francisco (2000), 'The Storm Over our Heads: The Rendering of Legal Services by Audit Firms in Spain', International Journal of the Legal Profession, 7 (I), 7-38.

Mark, Steve (2012), 'Commercialisation of Legal Practice - Regulatory Reflections from NSW', Commonwealth Law Conference, Sydney, 21 April 2012, available at: http://www. lawlink.nsw.gov.au/lawlink/ olsc/ ll_olsc.nsf/pages/OLSC_speeches.

Mark, Steve, Tahlia Gordon, Marlene Le Brun and Gary Tamsitt (2010), 'Preserving the Ethics and Integrity of the Legal Profession in an Evolving Market: A Comparative Regulatory Response', paper pre sented at the Regulating and Deregulating Lawyers in the 21 st Century, 3-4 June 2010, London, England available at: http://www.law link.nsw.gov.au/lawlink/olsc/ll_olsc.nsf/

pages/OLSC_speeches.

Matthews, R.C.O. (1991), 'The Economics of Professional Ethics: Should the Professions Be More like Businesses?', Economic Journal, 101, 737-50.

Melville, Angela L. and Frank H. Stephen (2011), 'The More Things Change, the More They Stay the Same: Explaining Stratification within the Faculty of Advocates, Scotland', International Journal of the Legal Profession, 18, 211-35.

Miceli, Thomas J. (1994), 'Do Contingent Fees Promote Excessive Litigation?', Journal of Legal Studies, 23, 211-24.

Miceli, Thomas J. and Kathleen Segerson (1991), ' Contingent Fees for Lawyers: The Impact on Litigation and Accident Prevention', Journal of Legal Studies, 20, 381-99.

Miller, James C. (1983), 'The FfC and Voluntary Standards: M aximizing the Net Benefits of Self-Regulation', Cato Journal, 4, 897-903.

Ministry of Justice (2012), Triennial Reviews, Legal Services Board and

Offi ce for Legal Complaints, Combined Report on Stages One and Two, London: Ministry of Justice, July 2012.

Monopolies Commission (1970), A Report on the General Effect on the Public Interest of Certain Restrictive Practices so far as they Prevail in Relation to the Supply of Professional Services Part I: The Report, Cmnd 4463, London: HMSO.

Monopolies and Mergers Commission (1976a), Services of Solicitors in England and Wales: A Report on the Supply of Services ofSolicitors in England and Wales in Relation to Restrictions on Advertising, HC 557, London: HMSO.

Monopolies and Mergers Commission (1976b), Services of

Solicitors in

Scotland: A Report on the Supply of Services of Solicitors in Scotland in Relation to Restrictions on Advertising, HC 558, London: HMSO.

Monopolies and Mergers Commission (1976c), Barristers ' Services: A Report on the Supply of Barristers ' Services in Relation to Restrictions on Advertising, HC 559, London: HMSO.

Moorhead, R.L. (2008), "'Improving Access to Justice". Contingency Fees: A Study of their Operation in the United States', Civil Justice Council, available at SSRN: http://ssm.com/abstract= 1 302843.

Moorhead, Richard (2010), 'Lawyer Specialization - Managing the Professional Paradox', Law and Policy, 32, 226-59.

Moorhead, Richard and Rebecca Cumming (2008), 'Damage-Based Contingency Fees in Employment Cases: A Survey of Practitioners , Cardiff Law School, December.

Moorhead, Richard and Avrom Sherr (2003), An Anatomy of Access: Evaluating Entry, Initial Advice and Signposting Using Model Cliems London: Legal Services Research Centre.

Moorhead, Richard, Avrom Sherr and Sarah Rogers (2000), Willing Blindness? OSS Complaint Handling Procedures, Research Study 37, London: Law Society of England and Wales.

Neumann, Manfred (2001), Co,npetition Policy : History Theory and Practice, Cheltenham, UK and Northampton, MA, USA: Edward Elgar.

Noll, Roger G. (1989), 'Economic Perspecti es on the Politics of Regulation' , in Richard L. Schmalensee and Robert D.Willig (eds), Handbook of Industrial Organfr.ation JI, Am terdanJ: North-H Hand, pp. 1253-87.

OECD (2007), Competitive Restrictions in Legal Pmfe ion , OECO Roundtables on Competition, DAF/COMP(2007) 39, Paris: OE D. OFf (2001), Competition in Professional A Rep rt b) th Dill.'Ctor

General of Fair Trading, OFr 328, London: Offi e of Fair Tmdin2. March.

Ogu , Anthony l. (1993), 'Regulation f th Legal Profe ion in En land and Wale', in Michael G. Faure, Jorg Fin inger, Jacque Siege., and Roger Van den Bergh (eds) Regulation of Profe. ion , Antwerp: Maklu, pp. 307-30.

Ogus, Anthony I. (1995) 'Rethinking Self-Regulation'. O.iford Jounial of Legal Studies, 15, 97-108.

Oulon laaninhalitus (2004), Joulukuu 2004, Oikeudellisten pal veujen hintaselvitys (Country Administrative boards of Oulo, Study on the prices of legal services).

Pagliero, Mario (2011), ' What is the Objective of Professional Licens ing? Evidence from the US Market for Lawyers', International Journal of Industrial Organization , 29, 473-83.

Parker, Christine (2008), 'Peering over the Ethical Precipice: Incorpor ation , Listing and the Ethical Responsibilities of Law Firms', paper presented at The Future of the Global Law Firm Symposium, Georgetown Law Center, Center for the Study of the Legal Profession, 17-18 April 2008.

Parker, Christine, Tahlia Gordon and Steve Mark (2010), ' Regulating Law Firm Ethics Management: An Empirical Assessment of an Innov ation in Regulation of the Legal Profession in New South Wales' , Journal of Law and Society, 37, 466-500.

Pashigian, B. Peter (1979), 'Occupational Licensing and the Interstate Mobility of Professionals ', Journal of Law and Economics, 22, 1-25. Paterson, Alan A., Lindsay Farmer, Frank H. Stephen and James H. Love (1988), 'Competition and the Market for Legal Services ', Journal of Law and Society, 15, 363-73.

Paterson, Alan A. and Frank H. Stephen (1990), The Market for Convey ancing in Scotland: Solicitors ' Responses to Competition through Advertising and Fee Quotations, Edinburgh : Scottish Office, Central Research Unit Papers, December.

Paterson, Iain, Marcel Fink and Anthony Ogus (2003), Economic Impact of Regulation in the Field of Liberal Professions in Different Member States: Regulation of Professional Services, Research Report, Vienna: Institute for Advanced Studies.

Penrose, Edith (1959), The Theory of the Growth of the Firm, Oxford: Blackwell.

Philipsen, Niels J. (2007), 'The Law and Economics of Professional Regulation: What Does the Theory Teach China?', in Thomas Egger, Michael Faure and Zhang Naigen (eds), Economic Analysis of Law in China, Cheltenham, UK and Northampton, MA, USA: Edward Elgar, pp. 112-50.

Philipsen Niels J. and J.A. Hans M aks (2005), 'An Economic Analysis of the Regulation of Professions', in Evy Crals and Lode Vereeck (eds), Regulation of Architects in Belgium and the Netherlands, Leuven: Lannoo Campus, pp. 11-45.

Quinn, Jack (1982), ' Multidisciplinary Services and Preventive Regulation', in R.M. Evans and Michael J. Trebilcock (eds), Lawyers and the Consumer In terest, Toronto: Butterworths.

RBB Economics (2003), Economic Impact of Regulation in

Liberal Profession: A Critique of the IHS Study, 23 September 2003.

Ribstein, Larry E. (2010), 'The Death of Big Law', Wisconsin Law Review, 2010, 749-8 15.

Rickman, Neil (1994), 'The Economics of Contingent Fees in Personal Injury Litigation', Oxford Review of Economic Policy, 10, 34-50.

Rizzo, John A. and Richard J. Zeckhauser (1992), 'Advertising and the Price, Quantity and Quality of Primary Physician Services', Journal of Human Resources, 28, 381-421.

Rogerson, William P. (1988), 'Price Advertising and the Deterioration of Product Quality', Review of Economic Studies, 55, 215-29.

Rosti, Henriikka, Johanna Niemi and Marjukka Lasola (2008), Legal A id and Legal Services in Finland, National Research Institute of Legal Policy, Research Report No. 237, Helsinki.

Rubinfeld, Daniel L. and Suzanne Scotchmer (1993), 'Contingent Fees for Attorneys: An Economic Analysis' , Rand Journal of Economics, 24, 343-56.

Schroeter, J.R., Scott L. S mith and Steven Cox (1987), 'Advertising and Competition in Routine Legal Services Markets: an Empirical Investi gation', Journal of Industrial Economics, 36, 49-60.

Schultz, Ulrika (2005), 'Regulated Deregulation: The Case of the Ger man Legal Profession', in William L.F. Felstiner (ed.), Reorganisation and Resistance: Legal Professions Confront a Changing World, Oxford and Portland, Oregon: Hart Publishing, pp. 93-31.

Schwartz, Murray L. and Daniel J.B. Mitchell (1970), 'An Economic Analysis of the Contingent Fee in Personal Injury

Litigation', Stanford Law Review, 22, 1125-62.

Scott, Andrew (2009), The Evolution of Competition Law and Policy in the United Kingdom, LSE Law, Society and Economy Working Papers 9/2009, London: London School of Economics and Political Science. Scottish Executive (2006), Report by the Research Working Group on the Legal Services Market in Scotland, Edinburgh: Scottish Executive.

Scottish Home and Health Department (1989), The Legal Profession in Scotland, Edinburgh.

SEO Economic Research (2008), Regulation of the Legal Profession and Access to Law: An Economic Perspective, SEO report no. 2008- 1, Amsterdam: SEO Economic Research.

Shaked, Avner and John Sutton (1981a), 'The Self-Regulating Profes sion', Review of Economic Studies, 47, 217-34.

Shaked, Avner and John Sutton (1981b), 'Heterogeneous Consumers and Product Differentiation in a Market for Professional Services ', Euro pean Economic Review, 15, 159-77.

Shaked, Avner and John Sutton (1982), 'Imperfect Information , Perceived Quality and the Formation of Professional Groups' , Jou rnal of Eco nomic Theory, 27, 170-81.

Sherr, Avrom and Lisa Webley (1997), 'Legal Ethics in England and Wales', International Journal of the Legal Profession, 4, 109-38.

Shinnick, Edward (1995), 'The Market for Legal Services in Ireland', paper presented at the Irish Economics Association Conference.

Shinnick, Edward and Frank H. Stephen (2000), 'Professional Cartels and Scale Fees: Chiselling on the Celtic Fringe?' ,

International Review of Law and Economics, 20, 407-23.

Smedley, Nick (2011), Smaller Approved Regulators: An Assessment of their Capacity and Capability to Meet the Requirements of the Legal Services Act 2007, with Analysis and Recommendations, Report to Legal Services Board, June.

Smith, B. L. (1992), 'Three Attorney Fee-Shifting Rules and Contingency Fees: Their Impact on Settlement Incentives', Michigan Law Review, 90, 2154-89.

Smith, Janet Kiholm and Steven R. Cox (1985), 'The Pricing of Legal Services: A Contractual Solution to the Problem of Bilateral Opportun ism›, Journal of Legal Studies, 14, 167-83.

Solicitor Regulatory Authority (SRA) (2012), 'Trienni al Review of the Legal Services Board: SRA Response to the Ministry of Justice's Call for Evidence', 5 April, available at: http://www. sra. org.uk/sra/ consultations/consultation-responses/triennial-review-legal-services board-lsb. page.

Stephen, Frank H. (1994), 'Advertising, Consumer Search Costs and Prices in a Professional Service Market', Applied Economics, 26, 1177-88.

Stephen, Frank H. (1996), 'Conveyancing Fees in Scotland' , Department of Economics, University of S trathclyde, Glasgow.

Stephen, Frank H. (1998) Legal Aid Expenditure in Scotland: Growth, Causes and Alternatives, Edinburgh: Law Society of Scotland.

Stephen, Frank, H. (2001), 'Reform of Legal Aid in Scotland' , Hume Papers on Public Policy, 8 (3), 23-31.

Stephen, Frank H. (2002), 'The European Single Market and the Regu lation of the Legal Profession: An Economic Analysis',

Managerial and Decision Economics, 23, 115-25.

Stephen, Frank H. (2006), 'The Market Failure Justification for the Regulation of Professional Service Markets and the Characteristics of Consumers', in Claus Dieter Ehlermann and Isabela Atanasiu, Euro pean Competition Law Annual 2004: The Relationship between Com petition Law and the (Liberal) Professions, Oxford and Portland: Hart Publishing, pp. 143-54.

Stephen, Frank H. (2008), 'Regulation of the Legal Professions or Regulation of Markets for Legal Services: Potential Implications of Legal Services Act 2007', European Business Law Review, 19, 1129-39.

Stephen, Frank H. (2011), Report of Further Research on the Law Society of Scotland Guarantee Fund, Manchester and Edinburgh: Institute for Law, Economy and Global Governance and Scottish Legal Complaints Commission.

Stephen, Frank H. and Christopher Burns (2007) 'Liberalization of Legal Services', in Aymo Brunetti and Sven Michal (eds), Service Liberali zation in Europe: Case Studies (Volume 2), Strukturberichterstattung No. 35/2, Berne: Studies on behalf of the State Secretariat for Economic Affairs.

Stephen, Frank H., Giorgio Fazio and Cyrus Tata (2008), 'Incentives, Criminal Defence Lawyers and Plea Bargaining', International Review of Law and Economics, 28, 212-19.

Stephen, Frank H. and Derek D. Gillanders (1993), 'Ex Post Monitoring versus Ex Ante Screening in the New Institutional Economics', Jour nal of Institutional and Theoretical Economics, 149, 725-30.

Stephen, Frank H. and James H. Love (1996), 'Deregulation of Legal Services Markets in the UK: Evidence from Conveyancing',

Hume Papers on Public Policy, 4, 53-66.

Stephen, Frank H. and James H. Love (2000), '5860 Regulation of the Legal Profession', in Boudewijn Bouckaert and Gerrit De Geest (eds),

Encyclopedia of Law and Economics, Volume III: The Regulation of Contracts, Cheltenham, UK and Northampton, MA: Edward Elgar, 987-1017. Revised and updated as Stephen, Frank H., James H. Love and Neil Rickman (2012), 'Regulation of the Legal Profession', Chapter 15 in Roger Van den Bergh and Alessio M. Paces (eds), Regulation and Economics, Cheltenham, UK and Northampton, MA: Edward Elgar.

Stephen, Frank H., James H. Love, Derek D. Gillanders and Alan A. Paterson (1992), 'Testing for Price Discrimination in the Market for Conveyancing Services', International Review of law and Economics, 12, 397-404.

Stephen, Frank H., James H. Love, Derek D. Gillanders and Alan A. Paterson (1993), 'Deregulation and Price Discrimination in the Con veyancing Market' , Managerial and Decision Economics, 14, 365-75. Stephen, Frank H., James H. Love and Alan A. Paterson (1994), 'Deregulation of Conveyancing Markets in England and Wales', Fiscal Studies, 15 (4), 102-18.

Stephen, Frank H., James H. Love and Neil Rickman (2012), 'Regulation of the Legal Profession', in Roger Van den Bergh and Alessio M. Paces (eds), Regulation and Economics, Cheltenham, UK and Northampton, MA, USA: Edward Elgar, 647-77.

Stephen, Frank H. and Angela L. Melville (2009), Report to Scottish Legal Complaints Commission on the Master Policy and Guarantee Fund Research, Manchester and Edinburgh: Institute for Law, Economy and Global Governance and Scottish Legal Complaints Commission.

Stephen, Frank H. and Cyrus Tata (2007), Impact of the Introduction of Fixed Payments into Summary Legal Aid: Report of an Independent Study. Edinburgh: Scottish Executive.

Stigler, George J. (1961), 'The Economics of Information', Journal of Political Economy, 69, 213-25.

Stone, Michael P. (2010), 'Optimal Attorney Advertising', University of Connecticut Department of Economics Discussion Paper No. 2010 - 14 July 2010.

Susskind, Richard (2010), The End of Lawyers ? Rethinking the Nature of Legal Services, revised edition, Oxford: Oxford University Press.

Swanson, Timothy M. (1991), 'The Importance of Contingency Fee Arrangements', Oxford Journal of Legal Studies, 11, 193-226.

Sykes, Alan 0. (1993), 'Some Thoughts on the Real Estate Puzzle: Comment (Commissions and Conflicts in Agency Arrangements: Law yers, Real Estate Brokers, Underwriters, and Other Agents' Rewards)', Journal of Law and Economics, 36, 541 -51.

Tata, Cyrus and Frank H. Stephen (2006) '"Swings and Roundabouts": Do Changes to the Structure of Legal Aid Remuneration Make a Real Difference to Criminal Case Management and Case Outcomes?', Criminal Law Review, 53, 722-41.

Thomason, Terry (1991), 'Are Attorneys Paid What They' re Worth? Contingent Fees and the Settlement Process' , Journal of Legal Studies, 20, 187-223.

Thornton, Margaret (2005), 'The Australian Legal Profession: Towards a National identity', in Wi lliam L. F. Felstiner (ed.),

Reorganisation and Resistance: Legal Professions Confront a Changing World, Oxford and Portland: Hart Publishing, pp. 133-70.

Torrance, Michael (2009), 'In shape at 60', Journal of Law Society of Scotland, 20 April 2009, available at: http://www. journalonline.co.uk/ Magazine/54-4/ 1006439.aspx.

Trebilcock, Michael J. (1982), 'Competitive Advertising', in R.M. Evans and Michael J. Trebilcock (eds), Lawyers and the Consumer Interest, Toronto: Butterworths, pp. 144 ff.

Van den Bergh, Roger (1993), 'Self-Regulation in the Medical and Legal Professions and the European Internal Market in Progress', in Michael G. Faure, Jorg Finsinger, Jacques Siegers, and Roger Van den Bergh (eds), Regulation of Professions, Antwerp: Maklu, pp. 21-46.

Van den Bergh, Roger (1999), 'Self-regulation of the Medical and Legal Professions: Remaining Barriers to Competition and EC Law', in Bernardo Bortolotti and Gianluca Fiorentini (eds), Organized Interests and Self-Regulation: An Economic Approach, FEEM Studies in Eco nomics, Oxford and New York: Oxford University Press.

Van den Bergh, Roger (2006), 'Towards Efficient Self-Regulation in Markets for Professional Services', in Claus Dieter Ehlermann and Isabela Atanasiu, European Competition Law Annual 2004: The Rela tionship between Competition Law and the (Liberal) Professions, Oxford and Portland: Hart Publishing, pp. 155-76.

Van den Bergh, Roger and Michael G. Faure (1991), 'Self Regulation of the Professions in Belgium', International Review of Law and Eco nomics, 11, 165-82.

Van den Bergh, Roger and Yves Montagnie (2007),

'Competition in Professional S ervice Markets: Are Latin Notaries Different?', Journal of Competition Law and Economics, 2, 189-206.

Viscusi W. Kip, Joseph E. Harrington and John M. Vernon (2005), Economics of Regulation and Antitrust, 4th edition, Cambridge, MA: MIT Press.

Wallman, Russell and Nick Denys (2011), 'Effective Modem Regulation of Legal Services', in LSB, Understanding the Economic Rationale for Legal Services Regulation - A Collection of Essays, London: Legal Services Board, March 2011.

Watts, Alison (1994), 'Bargaining through an Expert Attorney', Journal of Law, Economics and Organization, 10, 158-86.

Williamson, Oliver E. (1975), Markets and Hierarchies: Analysis and Antitrust Implications, New York: Free Press.

Williamson, Oliver E. (1983), 'Credible Commitments: Using Hostages to Support Exchange', American Economic Review, 73, 519-40.

Winston, Clifford (1993), 'Economic Deregulation: Days of Reckoning for Microeconomists', Journal of Economic Literature, 31, 1263-89.

Wolfram, Charles W. (1984), 'The Second Set of Players: Lawyers, Fee Shifting, and the Limits of Professional Discipline', Law and Con temporary Problems, 47 (1), 293-320.

重要译名对照表

professional body　职业团体

rights of audience　出庭发言权

brand extension　品牌延伸

credence goods　信用品

experience goods　体验品

search goods　搜寻品

brand capital　品牌资本

race to the bottom　竞次

cost-effective　节约成本的 有成本效益的 合乎费效比的

market failure　市场失灵

individual lawyer　律师个体 各个律师

consumer advocacy body　消费者权益保护组织

Office for the Supervision of Solicitors（OSS）　事务律师监督办公室

solicitor 事务律师

barrister　出庭律师

advocate　诉辩律师

Legal Services Act 2007　2007 年《法律服务法》

Alternative Business Structure（ABS）　可选性商业结构

Administration of Justice Act 1985　1985 年《司法法》

Legal Disciplinary Practice（LDP） 法律行业执业机构

Legal Services Board（LSB） 法律服务理事会

Office of Fair Trading（OFT） 公平交易局

Solicitor Regulation Authority（SRA） 事务律师规制局

Bar Standards Board（BSB） 出庭律师标准理事会

Courts and Legal Services Act 1990 1900 年《法院和法律服务法》

Incorporated Legal Practice 公司化法律执业机构

Council for Licensed Conveyancers 持照产权转让人理事会

Office of Legal Complaints 法律投诉办公室

legal profession 法律职业

regulation 规制

law firm 律师事务所

lawyering 律师服务

fee 律师费 收费

Faculty of Advocates 苏格兰诉辩律师协会

Dean 苏格兰诉辩律师协会会长

practitioner 执业者

human capital 人力资本

Multidisciplinary Practice（MDP） 多行业执业

competition authority 反不正当竞争主管部门

Law Society 事务律师协会

Monopolies and Mergers Commission 垄断和合并委员会

information asymmetry 信息不对称

building society 建房互助会

co-regulation 共同规制

self-regulating 自我规制的

bar exam 律师资格考试